O desejo da escrita em Italo Calvino: para uma teoria da leitura

RITA DE CÁSSIA MAIA E SILVA COSTA

O desejo da escrita em Italo Calvino: para uma teoria da leitura

Companhia de Freud
editora

Editoração Eletrônica
FA - Editoração Eletrônica

Revisão
Darlene V. G. Angelo

Editores Responsáveis
José Nazar
Luiz Roberto Klaczko

Ilustração de capa
Gérard Dow - 1872

FICHA CATALOGRÁFICA

C875d
Costa, Rita de Cássia Maia e Silva
O desejo da escrita em Italo Calvino : para uma teoria da leitura / Rita de Cássia Maia e Silva Costa. – Rio de Janeiro : Companhia de Freud, 2003.

198 p. ; 23 cm.

Inclui bibliografia.

ISBN 85-85717-71-8

1. Calvino, Italo, 1923-1985 – Crítica e interpretação. II. Título.

CDD-853

Companhia de Freud
editora

Endereço para Correspondência
Rua da Candelária, 86 - 6º andar
Tel.: (21) 2263-3960 • (21) 2263-3891
Centro - Rio de Janeiro
e-mail: ciadefreud@ism.com.br

Para *Henrique*

Nos *traços* e na *força* dessa escrita lavra-se fundo a *memória.*

Para *Juliana* e *Eduardo*, que me contam todos os dias a mais linda e delicada história, e me ensinam, a cada dia, a interpretá-la de uma nova maneira e a reescrevê-la.

Sempre julguei difícil extrair um tema unificador de meus livros, pois cada qual é tão diferente do outro. (...) Fico muito feliz quando alguém é capaz de extrair uma filosofia das produções de minha mente, que tem tão pouca filosofia. (...) Mas [esta] é a verdade de uma literatura ideal para cada um de nós: o final sendo o que cada um de nós deve ser — o de que o autor e o leitor tornam-se um só ou apenas Um. E, para encerrar nosso discurso num círculo perfeito, digamos que este Um é Todos.

Italo Calvino

Sumário

Prefácio

Viajando: inverno com Calvino, verão com Rita

"Jorge Luiz Borges, atravessando as estepes geladas num trem, sente que duas pessoas entram no seu compartimento. 'Quem são vocês?', pergunta. 'Italo Calvino', identifica-se um. 'Vladimir Nabokov', identifica-se o outro. 'Mas vocês estão mortos!', exclama Borges. 'E você pensa que está realmente atravessando as estepes geladas num trem?', pergunta Calvino. 'Descanse', diz Nabokov. 'Vai ser uma longa noite, e temos muita coisa para contar'."

Esta estória de Luis Fernando Veríssimo ("Contículos", *Comédias da vida privada*) antecipa, em síntese, o que um prefácio para o livro de Rita de Cássia deveria dizer ao leitor que aqui chegou: trata-se de um texto sobre as relações entre vida e ficção, entre histórias paralelas, entre leitura e escrita. Borges e, sub-repticiamente, Scherazade comparecem nesse vagão-texto que acolhe ainda Nabokov e o nosso Calvino.

Cercando-se de uma comitiva também de peso, Rita vai recortar em obras específicas de Bakhtin, Barthes, Benveniste, Derrida, Nietzsche, Kristeva e igualmente Calvino, pressupostos teóricos acerca de noções e conceitos como os já referidos escrita e leitura, além de outros relevantes como sentido, interpretação, jogo.

Ciranda de textos, Rita se assemelha ao romancista-pensador por ser também alguém, "que narra, que sabe contar histórias. Ou que conta histórias como quem medita, como quem contempla lá longe o horizonte infindo. Que conta histórias poetizando a existência. Porque sabe contemporaneamente com sua escrita criar uma estética da existência".

Há duas teses, intercambiantes, no mesmo livro: uma, teórica, que, de certo modo, independe do romance *Se um viajante numa noite de inverno*, de Italo Calvino, posto que abriga reflexões de ordem genérica (exceto, naturalmente, quando comparece o romance) que servem para pensar quaisquer obras; vice-versa, há uma leitura do romance que, também por sua vez, pode dispensar grande parte das páginas teorizadoras. Teoria e análise que dialogam com o crítico e o tiete – facetas que todos exercemos no cotidiano de nossos olhares híbridos.

O texto demonstra com sobras o domínio que Rita exerce sobre as questões escolhidas e mesmo sobre o romance de Calvino, fragmentariamente harmonioso. Não perde o fio da meada, a todo momento retomado, estendido - as questões (como as histórias no romance) retornam ampliadas, em crescendo. Isso carrega um pouco o modo especular da composição romanesca do escritor. Imprescindível, porém, destacar, para além das praxes, a impecável correção lingüística do texto de Rita, feito ela, claro, firme, estruturado, elegante. O sumário, organizado em superfície e verticalidade, adianta o estilo. Há claramente uma tendência a dissipar fronteiras e limites - uma certa "angústia da totalidade": um pensamento que se firma e se constrói com coerência e cumplicidade, pois Rita não faz senão apropriar-se de concepções calvinianas e estendê-las num formato particular.

Roland Barthes, nesse circuito, imprime-se – imprescindível: "Passar da leitura à crítica é mudar de desejo, é deixar de desejar a obra para desejar a própria linguagem. Mas, pelo mesmo ato, é também remeter a obra para o desejo da escrita, que a gerou. Assim gira a fala em torno do livro: *ler, escrever*, de um desejo para o outro caminha toda a leitura" (*Crítica e verdade*). Porque ler é, absolutamente, erótico, envolve o corpo, faz-nos rodopiar, "começa de um ponto qualquer, salta, repete-se, retrocede, insiste, ramifica-se em mensagens simultâneas e divergentes, torna a convergir, enfrenta momentos de tédio, vira a página, retoma o fio da meada, perde-se. Pode-se reconhecer aí uma direção, um percurso dirigido na medida em que tende a um clímax, e, em vista desse objetivo, preparam-se as fases rítmicas, as escansões, as recorrências de motivos. Mas será o clímax o verdadeiro alvo?", diz um dos narradores do romance. Cruzar o olhar pelas linhas do texto de Rita-Calvino desnuda qualquer ingenuidade: tudo, ali, se move – as verdades, os centros, as origens. Daí, ser o interpretar "um ato de perspectiva e ao mesmo tempo uma disposição de impor direções" (Roberto Corrêa dos Santos, *Para uma teoria da interpretação*). Interpretar vem, então, de uma disputa das máquinas em ação – e as máquinas são várias, desde a carência ao inconsciente, desde a surpresa à experiência. A interpretação deve convencer a quem a cria; querer o outro requer tantos abismos, como tornar-se visível e descobrir estilos.

Seguindo as pistas que o próprio romance *Se um viajante numa noite de inverno* entrega, Rita aponta Borges e *As mil e uma noites* como parâmetros de composição. O escritor argentino é declaradamente modelar para Calvino: ambos levam a lugares antes em raro alcançados o poder de a literatura camuflar-se de si mesma, fingindo-se outra coisa que, quando vamos ver, era ela mesma. Na multiplicidade que se configura em *Se um viajante numa noite de inverno* há somente uma história, um romance que, estrategicamente, se finge de vários. Calvino se apropria de vários dos inumeráveis procedimentos que Borges utiliza em suas maravilhosas *boutades* literárias. Como já apontou nosso Veríssimo, com humor, Borges, Calvino e Nabokov performam uma tribo que vive num entrelugar – tal como Scherazade e seu fantástico mundo de histórias inacabadas. Lá, n'*As mil e uma noites*, tal como aqui no *Viajante...*, o Leitor (Rei Schariar) se casa com a Leitora. Poemas sobre poemas, poetas para poetas, textos entre textos: mas de tudo a vida é meio e fim, e a palavra parte apenas.

A "incompletude" dos "livros" que se lêem corresponde à própria "incompletude" de qualquer leitura – e de qualquer vida. Incompleto mesmo, sem aspas, deve ser qualquer prefácio, sempre insuficiente para dar a ver aquilo que o leitor quer saber. Ainda que encomenda, um prefácio não é uma exegese crítica, tampouco um discurso de louvor. Pode tentar-se súmula – assim: o livro de Rita de Cássia, com fôlego de pesquisadora refinada, mostra que **no livro de Italo Calvino se encontra uma teoria da leitura**. Desentranhar da trama romanesca a trama teórica fica sendo seu ofício primeiro e último. Para isso impõe-se a sutil rasura de limites. E mais não pode um prefácio.

No capítulo 8, supostamente transcrição "Do diário de Silas Flannery", que se abre como uma genuína poética do romance do escritor ítalo-cubano, o personagem-autor narra em primeira pessoa um encontro com um personagem-leitor. Para falar do livro que ora se tem em mãos, sob pulsão, com esse episódio finalizo:

"Recebi a visita de uma moça que está escrevendo uma tese sobre meus romances para um grupo de estudos universitários muito importante. Vejo que minha obra lhe serve perfeitamente para demonstrar suas teorias, o que decerto é um fato positivo, para meus romances ou para as teorias, não sei. Sua conversa, muito bem fundamentada, passa-me a impressão de que se trata de um trabalho conduzido com seriedade; mas meus livros, quando vistos pelos olhos dessa moça, são para mim irreconhecíveis. Não ponho em dúvida que essa Lotaria (assim se chama) os tenha lido conscienciosamente, mas creio que os leu apenas para encontrar neles o que já estava convencida de achar ali antes de tê-los lido.

Tentei dizer-lhe isso. Ela rebateu, um pouco ressentida:

— Por quê? O senhor gostaria que eu lesse em seus livros somente aquilo de que está convencido?

Respondi:

— Não é isso. Espero que meus leitores leiam em meus livros algo que eu não sabia, mas só posso esperar isso daqueles que esperam ler algo que eles não sabiam."

Esse trecho sinaliza com força para a motivação e o interesse de *O desejo da escrita em Italo Calvino: para uma teoria da leitura*. Rita, como todos nós, leitores, sabe que ler é descobrir e transformar-se (diria ela, inclusiva: portanto, ler é também escrever), como quer Flannery-Calvino. Mas ler, admitamos, tem também sua carga de "já ter lido", ou "ler o que se quer". Travessia é potencialmente isso: estar na terceira margem – em trânsito.

Italo Calvino e Rita de Cássia: dois clássicos. O escritor, a escritora. Boa viagem.

Wilberth Claython F. Salgueiro
Professor do Programa de
Pós-Graduação em Letras da
Universidade Federal do Espírito Santo

Introdução

Na floresta encantada da Linguagem, os poetas entram expressamente para se perder, se embriagar de extravio, buscando as encruzilhadas de significação, os ecos imprevistos, os encontros estranhos; não temem os desvios, nem as surpresas, nem as trevas — mas o visitante que se afana em perseguir a 'verdade', em seguir uma via única e contínua, onde cada elemento é o único que deve tomar para não perder a pista nem anular a distância percorrida, está exposto a não capturar, afinal, senão sua própria sombra. Gigantesca, às vezes; mas sempre sombra[1].

Na aventura de percorrer parte do campo diverso e rico da semiologia, deve-se assumir o risco da embriaguez e do extravio, sem temer o vento e a vertigem, nem as encruzilhadas que, afinal, exigem escolhas e prometem surpresas... Ao se referir particularmente ao poder da palavra poética e aos efeitos que sobre os homens ela produz, Borges reconhece que "*erróneamente, se supone que el lenguage corresponde a la realidad, a esa cosa tan misteriosa que llamamos realidad. La verdad es que el lenguage es otra cosa*"[2]. Sem pretender capturar qualquer verdade e, principalmente, reconhecendo o campo de forças que se institui nos domínios da linguagem, importa saber se a linguagem não é mera correspondência da realidade, saber o que a constitui, para onde se desloca e que movimentos são esses que fazem com que ela não se deixe aprisionar. São questões que recobrem este presente estudo. Buscam-se, no seu rastro, os fios de uma teia inconsútil de relações que envolvem o texto e o leitor, o signo e o sentido, a leitura e a escrita, o discurso da criação e o da crítica. Tais aspectos orientam o percurso, que se recobre das marcas da provisoriedade do ensaio. Coloca-se, desde já, como suspeita a interpretação, cuja escrita participa de um jogo em que tomam parte crítica e filosofia, práticas significantes que incidem sobre o texto, qualquer texto objeto de análise, tornando-o campo de significância por

---

1 VALÉRY, P. Discours sur l'esthétique. **Ouvres.** Paris: Gallimard, 1957. v. 1.

2 BORGES, J. L. **Siete noches.** México: Fondo de Cultura Económica, 1992. p. 102

excelência. A escrita, tanto quanto a leitura, é sempre interpretação, e esta "quer escrever sempre, diferente cada vez que toca um texto"[3].

Este trabalho se orienta por uma visão geral da crítica em face do fenômeno estético e, em particular, pelos conceitos relativos à interpretação e à semiologia, articulando-se ao projeto de desconstrução das premissas básicas que determinam a história da ciência e da cultura. Procura-se com ele: a) discutir o problema da significação pertinente à concepção de texto como instância de produção de sentidos; b) comentar a natureza, a função e a noção de escrita como prática, como *jogo*, cuja força significante inscreve-se na história contemporânea como tentativa de elaborar um pensamento forte o bastante para abalar e corroer, de seu próprio interior, os conceitos cristalizados e classificados hierarquicamente dentro de um sistema essencialmente metafísico; c) relacionar a escrita e a leitura aos processos discursivos de crítica e criação. Por fim, pretende-se depreender do discurso de Italo Calvino, em que crítica e criação se fundem no meta-romance **Se um viajante numa noite de inverno,** a formulação de uma possível teoria da leitura. Esse romance, como jogo textual, mais que contar uma história, se ocupa do sentido da narrativa; por isso, instrui um saber.

À força das escolhas de natureza teórica, os capítulos se organizam e se subdividem como um *projeto* que teórica e conceitualmente abra perspectivas de análise e fundamente a pesquisa. O primeiro capítulo evoca o paralelismo das duas atividades criadoras — o pensamento abstrato e a criação estética — presente na obra de Italo Calvino e apresenta a importância da literatura para a ciência e a filosofia da ciência, uma vez que as manifestações estilísticas e de pensamento do escritor desfazem o liame que separa ciência e arte e as reinscrevem na unidade da cultura. No gosto do escritor pela literatura e pela geometria se entrevê o trabalho do estudioso e ensaísta.

O segundo capítulo introduz os fundamentos de uma possível semiologia e faz da linguagem objeto de reflexão e método. Interrogada, a linguagem se oferece, entrecortada no vasto campo dos saberes que a constituem, como perspectiva epistemológica e metodológica para se compreen-

---

[3] SANTOS, R. C. **Para uma teoria da interpretação**: semiologia, literatura e interdisciplinaridade. Rio de Janeiro: Forense Universitária, 1989. p. 21.

der o pensamento de Italo Calvino. O terceiro amplia esse debate, e coloca em cena pontos de vista e perspectivas pelos quais alguns filósofos interpretam o pensamento da interpretação. Inscrita num campo de forças diversas e percebida como ato de perspectiva, a interpretação, assim como a escrita, é compreendida como potência de criação. O funcionamento da escrita é visto como *jogo*, e responde pela historicidade dos sentidos na constituição do romance, que por sua vez — e em conseqüência disso — se apresenta como estrutura de *transformação*. Busca-se desde já no romance de Italo Calvino o trajeto dos sentidos da leitura e da escrita, bem como as possibilidades, várias, de combinar, variar e produzir as metáforas de um pensamento da criação.

No quarto capítulo, a leitura do romance assume deliberadamente seu caráter produtivo e transforma em *esquecimento* perceptos e sensações das experiências anteriores de leitura, para poder, ela própria escrever-se. Inscrever-se como texto. Nesse sentido, a análise do romance é regida pelo princípio da experiência de leitora. O desejo de percorrer as trilhas abertas por Calvino não exclui a vulnerabilidade e a precariedade dessa experiência. E vice-versa. Dúvidas e encruzilhadas incitam o pensamento: procura-se, então, abstrair e comentar as particularidades de uma escrita que, de tanto instaurar mundos, continua a desafiar.

A travessia com o romance **Se um viajante numa noite de inverno** tenta apontar — e por isso segue-lhe o rastro – a *multiplicidade* que caracteriza o texto calviniano como uma máquina, cuja capacidade de combinar e multiplicar produz possibilidades e desvios. Feita de riscos, a travessia se realiza gradativamente, para marcar o rumo, associando o sistema lógico-conceitual à deriva de significações. Razões de ordem conceitual e metodológica orientam o percurso: a) Assim como os textos (os romances no romance) são intercambiáveis, sua análise se organiza em subcapítulos a fim de se garantir que cada um possa ser lido separadamente, já que se lhes assegura uma certa unidade a despeito da seqüência possível de sua leitura; b) São abordados em cada um dos textos (subcapítulos) predominantemente alguns conceitos e categorias, e não outros, a fim de fundamentar e construir o esboço de um possível método; c) Pretende-se destruir qualquer hipótese de uma hierarquia na interpretação e desarticular qualquer provável modelo teleológico de escrita com o objetivo de libertar o leitor, tanto quanto possível, da clausura de uma linearidade e de uma certa tautologia. As citações do texto de Italo Calvino têm por finalidade realçar seu traçado qual o risco de um minucioso bordado. Mais que representar amparo e legitimação para a análise do romance, as palavras do escritor, como chama, iluminam sua cristalina superfície. O que se pretende é acentuar o *risco*.

Configura-se, nesse último capítulo, uma tentativa, vã e pretensiosa muitas vezes, de *desconstruir* o romance: virá-lo pelo avesso, desfiar-lhe as franjas do inaudito, desordená-lo como ficção para tirar dela, justamente dela, um *método de conhecimento*. E, com isso, *afirmar* o romance. Como modo de aceder ao fenômeno do conhecimento pelo discurso narrativo, pela cadeia verbal, pela inscrição de um desejo e de um saber na letra. Afirmar o romance como *potência*, como *vontade de criação*.

Como *vontade de criação* se conclui supostamente o estudo. Que se pretende abertura para outros. Articulada aos pressupostos e às inferências construídos no percurso, a própria experiência de leitura e de escrita da leitora é narrada. Ali, onde o sentido se expande e se dissemina, uma pequena história parece apenas começar.

Capítulo I

Crítica e criação em Calvino: a travessia do saber de um *maître à penser*

Referindo-se à palavra como meio de dar conta da variedade infinita e complexa das formas e das coisas do mundo e ao poeta como quem se bate com a linguagem para transformá-la na linguagem das coisas, Calvino, nas **Seis propostas para o próximo Milênio**[4], declara:

> *Há quem ache que a palavra seja o meio de se atingir a substância do mundo, a substância última, única, absoluta; a palavra, mais do que representar essa substância, chega mesmo a identificar-se com ela (logo, é incorreto dizer que a palavra é um meio): há a palavra que só conhece a si mesma, e nenhum outro conhecimento do mundo é possível. Há, no entanto, pessoas para quem o uso da palavra é uma incessante perseguição das coisas, uma aproximação, não de sua substância, mas de sua infinita variedade, um roçar de sua superfície multiforme e inexaurível. (...)* ***Não serei tão drástico: penso que estamos sempre no encalço de alguma coisa oculta ou pelo menos potencial ou hipotética, de que seguimos os traços que afloram à superfície do solo. Creio que nossos mecanismos mentais elementares se repetem através de todas as culturas da história humana.... A palavra associa o traço visível à coisa invisível, à coisa ausente, à coisa desejada ou temida, como uma frágil passarela improvisada sobre o abismo*** (grifo meu).

É preciso seguir os traços. Atravessar as palavras, interrogá-las. Fazer da escrita *travessia.* Compreender, com Guimarães Rosa[5], que "o real não está na saída nem na chegada: ele se dispõe para a gente é no meio da travessia".

Por ser uma entidade de dupla face, que necessariamente evoca quem escreve e quem lê, a escrita faz-se responsável pelo caráter mutuamente

---

[4] CALVINO, I. **Seis propostas para o próximo milênio.** São Paulo: Companhia das Letras, 1990b. p. 90.

[5] ROSA, J. G. **Grande sertão: veredas.** Rio de Janeiro: Nova Aguilar, 1994.

constitutivo entre texto e leitor. Com palavras o mundo nos é dado e se existe, tal como o conhecemos, deve-se ao fato de que a linguagem permanentemente o constrói e o ressignifica. Buscar qualquer relação possível entre dois mundos e tentar entender o próprio silêncio do mundo feito de sentidos inscreve-nos a todos numa espécie de abismo que impele inelutavelmente à indagação sobre a linguagem.

Cabe examinar os fios com que se entrelaça o tecido de lembranças e utopias na construção da rede de significações que constitui a subjetividade e a vida cotidiana, e observar se temos sido capazes de perceber nas práticas sociais e no cotidiano as sutilezas e contradições do discurso, que articula e materializa crenças, valores, concepções e costumes, organizando politicamente e instituindo a vida social. Nisso consiste o desafio: pensar o mundo a partir do discurso já construído sobre ele. Vê-lo, surpreendendo-nos a cada vez, através da *crosta de discurso* que, segundo Calvino[6], histórica e axiologicamente organiza esse mundo e o representa, transformando-o nesse universo de símbolos a que chamamos cultura.

Ao se sentir, como escritor, desafiado a falar sobre a confusão do final do século, em que mais do que tudo há simultaneamente uma co-ocorrência e uma concorrência de linguagens, Calvino inverte essa necessidade clássica de valorização da escrita para se classificar, hierarquizar e conceptualizar o mundo. Segundo ele[7], "os fatos de nossas vidas já estão classificados, julgados, comentados, antes mesmo de ocorrerem. Vivemos num mundo onde tudo já foi lido, antes mesmo de existir". Por isso, continua[8], "é preciso romper a cortina de palavras e conceitos e ver o mundo como se este aparecesse pela primeira vez diante de nós".

Observa-se que Calvino lança uma preocupação de natureza filosófica acerca das relações entre o funcionamento da escrita e o mundo por nós conhecido. Concepções, crenças, afetos, valores, constituídos como discursos, formariam a rede de significações que funda as subjetividades e a vida cotidiana. Esse modo de interpretar o mundo tal como ele se organiza e se

---

6 CALVINO, I. A palavra escrita e a não escrita. In: FERREIRA, M; AMADO, J. (Org.). **Usos e abusos da história oral**. Rio de Janeiro: FGV, 1998.

7 Ibid., p. 143.

8 Ibid., p. 145.

institui se aproxima do pensamento nietzscheano, que designa a metafísica como a ciência que historicamente trata dos erros fundamentais do homem como se fossem verdades fundamentais. Para Nietzsche[9],

> *...aquilo que para nós, homens, se chama vida e experiência — gradualmente* ***veio a ser****, está em pleno vir a ser, e por isso não deve ser considerado uma grandeza fixa, da qual se pudesse tirar ou rejeitar uma conclusão acerca do criador (a razão suficiente). Foi pelo fato de termos, durante milhares de anos, olhado o mundo com exigências morais, estéticas, religiosas, com cega inclinação, paixão ou medo, e termos nos regalado nos maus hábitos do pensamento ilógico, que este mundo gradualmente* ***se tornou*** *assim estranhamente variegado, terrível, profundo de significado, cheio de alma, adquirindo cores — (...)* ***tornando-se essencial.*** *(...) Todas essas concepções serão decisivamente afastadas pelo constante e laborioso processo da ciência, que enfim celebrará seu maior triunfo numa* ***história da gênese do pensamento****, que poderia talvez resultar na seguinte afirmação: o que agora chamamos de mundo é o resultado de muitos erros e fantasias que surgiram gradualmente na evolução total dos seres orgânicos e cresceram entremeados, e que agora herdamos como o tesouro acumulado do passado — como tesouro: pois o* ***valor*** *de nossa humanidade nele reside. Desse mundo da representação, somente em pequena medida a ciência rigorosa pode nos libertar — algo que também não seria desejável —, desde que é incapaz de romper de modo essencial o domínio de hábitos ancestrais de sentimento; mas pode, de maneira bastante lenta e gradual, iluminar a história da gênese desse mundo como representação (...). Talvez reconheçamos então que a coisa em si é digna de uma gargalhada homérica: que ela* ***parecia*** *ser tanto, até mesmo tudo, e na realidade está vazia, vazia de significado.*

Enaltecido, mas também relativizado o poder da ciência de denunciar o vazio de significado, busca-se, de sua conjunção com a arte que ora recobre ora realça o objeto de sua criação, incitar o pensamento exaustivamente a fim de se continuar elaborando o que parece ser tão fortemente lavrado pelos sentidos. Ao buscar o desprendimento dos valores de um mundo condicionado pela metafísica, remodela-se, ordena-se uma outra forma de se ver a vida. Estando no limiar, entremeando-se da incerteza da

---

[9] NIETZSCHE, F. **Humano, demasiado humano**: um livro para os espíritos livres. São Paulo: Companhia das Letras, 2000. p. 26-7.

criação, ciência e arte seriam o caminho para vários pensamentos virem a se constituir, sempre em aberto, "como se estivesse para ocorrer um profundo achado"[10].

Modernamente e cada vez mais ciência e arte se entrecruzam e se constituem como um projeto interdisciplinar por meio do qual vários autores, dentre eles Italo Calvino, evocam o paralelismo das duas atividades criadoras: o pensamento abstrato e a criação estética. Os processos mentais e as operações que sustentam essas atividades as unem numa vasta síntese, de modo que a criação científica e a criação estética respondem pela unidade da cultura. Quer dizer, ajudam a construir um sistema de pensamento.

A importância das analogias se deve, dentre outras razões, ao fato de, particularmente neste estudo, a literatura e a matemática — ou a lógica — constituírem tentativas bem sucedidas de tratar idéias. Aspectos particulares do objeto matemático e poético se misturam e se separam, fazendo alternar-se, dissimuladamente, o caráter positivo, rigoroso e preciso de um e o universo de imaginação lúdica do outro, criando ciclos de fantasia e de eficácia no âmbito da cultura. Há isomorfismo na matemática e na literatura; o matemático e o poeta são ambos criadores. Mais do que nunca, a literatura tem sido reconhecida e praticada como forma de conhecimento, como método de descoberta. Como experiência do pensamento, que pressupõe uma operação com a linguagem escrita, a literatura pode interessar à ciência e à filosofia da ciência.

Seduzido pelas combinações da lógica com a imaginação, dominado pelo gênio da análise e da invenção, Calvino aprofunda e utiliza os recursos da arte e da ciência para fazer da literatura uma aventura do conhecimento. O escritor afirma "esse liame entre as escolhas formais da composição literária e a necessidade de um modelo cosmológico"[11] traduzido em seu gosto pela geometria, dizendo:

> ***Num desses livros científicos em que costumo meter o nariz à procura de estímulo para a imaginação,*** *aconteceu-me ler recentemente que os modelos para o processo de formação dos seres vivos são 'de um lado o* ***cristal*** *(imagem*

---

[10] NIETZSCHE, 2000, p. 140.

[11] CALVINO, 1990b, p. 83.

de invariância e de regularidade das estruturas específicas) e de outro a chama — (imagem da constância de uma forma global exterior, apesar da incessante agitação interna)' (...) As imagens contrapostas, da chama e do cristal, foram usadas para visualizar as alternativas que se apresentam à biologia, passando-se daí às teorias sobre a linguagem e sobre o processo de aprendizagem.(...) O que me interessa aqui é a justaposição dessas duas figuras (...). Cristal e chama, duas formas da beleza perfeita da qual o olhar não consegue desprender-se, duas maneiras de crescer no tempo, de despender a matéria circunstante, dois símbolos morais, dois absolutos, duas categorias para classificar fatos, idéias, estilos e sentimentos[12].

Numa conferência feita em 1967 significativamente intitulada "*Cibernétique et fantasmes: de la littérature comme processus combinatoire*" [Cibernética e fantasmas: da literatura como processo combinatório][13], Calvino reafirma seu gosto pela composição geometrizante ao descrever o caminho que o levou do interesse pela técnica narrativa dos contos, aprofundado pelas leituras de Propp e de Lévi-Strauss, posteriormente de Barthes e de Greimas, até o conhecimento da mestria das técnicas oulipianas, segundo as quais

a verdadeira máquina literária será aquela que sentirá ela mesma a necessidade de produzir desordem, mas como reação a uma precedente produção de ordem; aquela que produzirá a vanguarda para desbloquear seus próprios circuitos, obstruídos por uma excessiva produção clássica. E, de fato, dado o desenvolvimento que a cibernética exerce sobre as máquinas capazes de aprender, de mudar seus próprios programas, de entender sua sensibilidade e suas necessidades, nada nos impede de prever uma máquina literária que, num certo momento, demonstra a insatisfação de seu tradicionalismo e se põe a propor novas maneiras de entender a escrita, a mudar completamente seus próprios códigos. (...) Seria uma literatura capaz de corresponder a uma hipótese teórica, o que quer dizer, afinal, a literatura.

Para Calvino, a oposição ordem-desordem, fundamental na ciência contemporânea, oferece os meios de se dominar a combinatória — dos

---

[12] Calvino, 1990b, p. 84.

[13] CALVINO apud BRAFFORT, P. **Science et littérature.** [S.l.: s.n.], 2000. p. 233.

signos e das coisas —, possibilitando-nos compreender nosso universo ou criar outros. Verifica-se o esforço que o autor empreende para apreender e apresentar a multiplicidade de caminhos sobre os quais desembocam as aquisições da cultura, tentando exprimir as coisas, embora saiba jamais consegui-lo, em sua totalidade. Calvino entrecruza caminhos e destinos e os articula imaginariamente a partir da construção de labirintos, o que resulta no jogo combinatório. O recurso às formalizações, ao cálculo geométrico, à explicitação de estruturas e regras lhe favorece essa mestria. As regras com que se constrói o romance não inibem a liberdade narrativa, cuja riqueza inventiva, inesgotável, se deve provavelmente à possibilidade de "variar sempre as combinações segundo procedimentos matemáticos"[14]. Abstração e jogo estimulam a ânsia que o escritor tem de criar. A lógica não exclui a ambivalência que há entre a idéia de limite e a infinitude característica dos sentidos produzidos pela escrita. Essa angústia se apodera do escritor:

> *Queria lhes falar de minha predileção pelas formas geométricas, pelas simetrias, pelas séries, pela análise combinatória, pelas proporções numéricas, explicar meus escritos em função de minha fidelidade a uma idéia de limite, de medida... Mas quem sabe não será precisamente essa idéia de limite que suscita a idéia das coisas que não têm fim, como a sucessão dos números inteiros ou as retas euclidianas?(...)Às vezes procuro concentrar-me na história que gostaria de escrever e me dou conta de que aquilo que me interessa é uma outra coisa diferente, ou seja, não uma coisa determinada mas tudo o que fica excluído daquilo que deveria escrever: a relação entre esse argumento determinado e todas as suas variantes e alternativas possíveis, todos os acontecimentos que o tempo e o espaço possam conter. É uma obsessão devorante, destruidora, suficiente para me bloquear.(...)Uma outra vertigem então se apodera de mim, a do detalhe do detalhe do detalhe, vejo-me tragado pelo infinitesimal, pelo infinitamente mínimo, como antes me dispersava no infinitamente vasto.* [15]

O pensamento matemático nutre e faz expandir-se a angústia da escrita, já que, como propôs Euclides, "o número propriamente nada mais é

---

[14] CALVINO, 1990b, p. 136.

[15] Ibid., p. 82-83.

que esta espécie de multiplicidade que surge precisamente da introdução das unidades"[16].

O próprio autor explicita, em diferentes momentos, a estratégia e o funcionamento do jogo. Ao comentar a tensão entre racionalidade geométrica e emaranhado das existências humanas apresentada no símbolo d'**As cidades invisíveis**, publicado em 1972, diz ter concentrado nele todas as suas reflexões, experiências e conjecturas, e construído, pela sucessão de textos curtos e não hierarquizados, uma estrutura facetada, uma rede em que se pode traçar múltiplos percursos. Metaforizando a leitura, apresenta em cada encruzilhada as possibilidades de escolha e de interpretação, e mostra que

> *Em **Le città invisibili** cada conceito e cada valor se apresenta dúplice — até mesmo a exatidão. A certo momento Kublai Cã personifica a tendência racionalizante, geometrizante ou algebrizante do intelecto, e reduz o conhecimento de seu império a uma combinatória das peças de um tabuleiro de xadrez; as cidades que Marco Polo lhe descreve com grande abundância de detalhes são representadas por ele como tal ou qual disposição das torres, bispos, cavalos, rei, rainha, peões sobre as casas brancas e pretas. A conclusão final a que o leva essa operação é que o objeto de suas conquistas não é outro senão o quadrado de madeira sobre o qual cada peça repousa: um emblema do nada...*[17]

Esse *emblema do nada* analogicamente nos remete ao *vazio de significado* de que fala Nietzsche. Reinam na construção das imagens que compõem a figura geométrica d'**As cidades invisíveis** o arbitrário e a permuta (as trocas), cujos limites formam um paralelograma[18]. Tais imagens se transformam elas mesmas em lugares metonímicos, cuja especularidade aponta sempre para uma indivisível duplicidade. Produz-se, simetricamente, uma duplicação tautológica que organiza o "*carré magique*" [quadrado mágico] por meio de imagens construídas que formam triângulos equiláteros. For-

---

[16] EUCLIDES, apud LACAN. **Seminário da identificação.** (Texto inédito)

[17] CALVINO, 1990b, p. 85.

[18] Cf. BRAFFORT, 2000. p. 241.

ma-se um campo de forças em torno do *quadrado mágico*[19]. A simetria rigorosa de que se compõem **As cidades invisíveis** se assemelha ao *desenho perfeito* do cristal[20], imagem tão cara a Calvino.

Braffort[21] apresenta uma síntese semiológica da organização do romance **Se um viajante numa noite de inverno** de acordo com o referido *quadrado mágico.* Calvino[22] o explicita em um de seus textos críticos publicado pela Bibliothèque Oulipienne, que assim se reproduz[23]:

---

19 O *quadrado mágico* refere-se a uma das várias chaves de leitura do romance dadas por Calvino e publicadas pela Bibliothèque Oulipienne em 1990 (cf. Braffort, 2000) como derivação dos *quadrados semióticos* à la Greimas. Segundo esses *quadrados semióticos,* o romance se organiza como *jogo combinatório* e sua articulação como texto narrativo exprime a multiplicidade. Como formulação essencialmente conceptual e lógica, a Análise Sêmica ou Análise Componencial, de Greimas, vai além da identificação das unidades significativas mínimas que constituem os elementos de base da fonologia, da morfologia e da sintaxe, aplica seu método de comutação ao domínio do SENTIDO, e desfaz a fronteira que separa a semântica de uma língua e a análise dos discursos. Pela análise sêmica, identificam-se e descrevem-se como *combinações* as diferenças mínimas decorrentes da oposição de duas unidades semânticas, às quais se denominam *semas.* A irredutibilidade da combinatória semântica diz respeito principalmente ao conteúdo de segmentos de enunciados mais amplos e a efeitos de sentido. As *significações* se ligam a um certo contexto ou a uma determinada situação de *discurso.* Portanto, as estruturas semionarrativas regem a constituição do tecido narrativo. A semiótica greimasiana é uma construção teórica fundamentada na forma lógica da *estrutura elementar da significação,* que aparece como matriz das estruturas narrativas propriamente ditas. Os sentidos se articulam e o discurso se organiza segundo as estruturas semióticas profundas, as quais estabelecem relações paradigmáticas e coerentes. A coerência do universo semântico instituído pela narrativa se configura como uma inversão de conteúdos entre a situação inicial e a situação final. É pela articulação de conteúdos opostos em uma estrutura elementar que se apresenta a narrativa. Trata-se de uma teoria que pretende explicar os diferentes níveis em que se articula a significação. No quadro dessa teoria de produção do discurso e do sentido destaca-se seu princípio basilar: o da *transformação.* A *estrutura elementar da significação,* da qual parte o sistema de conversões responsável pela progressão do texto narrativo, é representada como um *quadrado semiótico.* Com o referido *quadrado semiótico,* Greimas constrói e explica as condições de produção da narrativa e o percurso gerativo do texto.

(REIS, C.; LOPES, A. C. **Dicionário de teoria da narrativa.** São Paulo: Ática, 1988).

20 CALVINO, 1990b. p. 85.

21 Cf. BRAFFORT, 2000. p. 234-5.

22 CALVINO apud BRAFFORT, 2000, p. 235-6.

23 A tradução do esquema é apresentada no Anexo A.

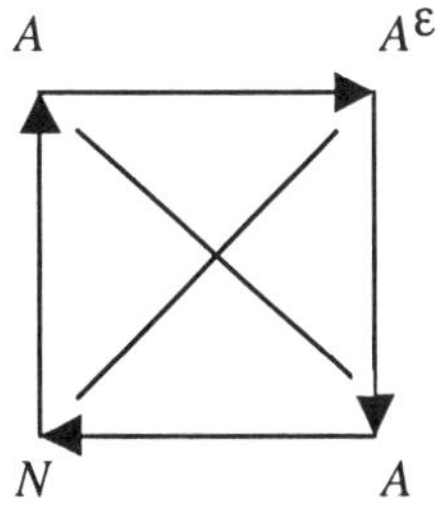

Le faussaire (A^{-}) rêve d'un ordinateur littéraire ($A\varepsilon$)
L'ordinateur littéraire a besoin d'un input de l'auteur *A*
L'auteur est hanté par le bruit de fond (N) de son esprit
Le bruit de fond échappe à l'emprise du faussaire
L'ordinateur est brouillé par le bruit de fond
Le faussaire n'a pas bien choisi son auteur

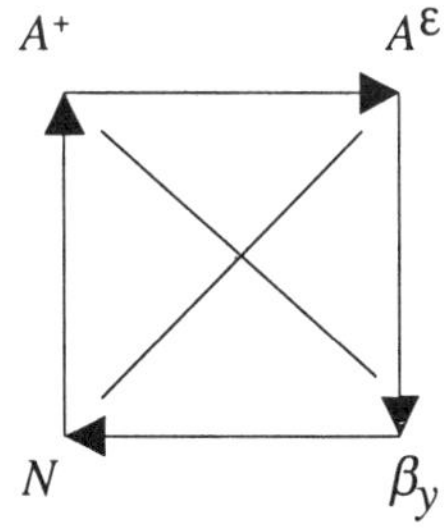

Le père des récits ($A\varepsilon$) n'inspire plus l'auteur (*A*)
L'auteur n'arrive plus à écrire le roman qu'il voudrait (β)
Le roman à écrire sombre dans le bruit (*N*)
Le bruit est la source d'où sortent tous le écrits
Un roman est raté s'il n'a pas besoin d'une source mythique
C'est dans le bruit que la vérité de l'auteur se cache

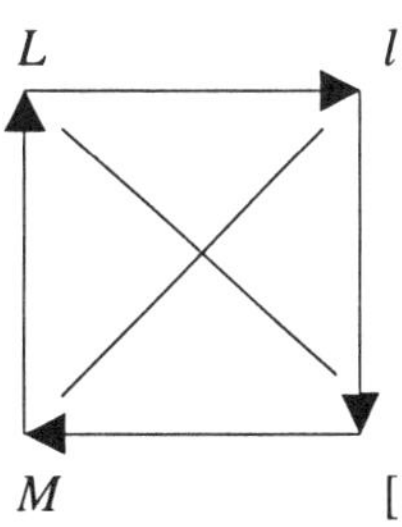

La lectrice (*l*) n'est jamais satisfaite du livre qu'elle lit (/)
Les livres qu'elle lit ne disent rien au non-lecteur ([ )
Le non-lecteur se trouve bien dans une maison pleine de livres (/)
Une maison pleine de livres contient l'histoire de la lectrice
Le non-lecteur et la lectrice sont complémentaires
Il est difficile de trouver un livre dans une maison pleine de livres

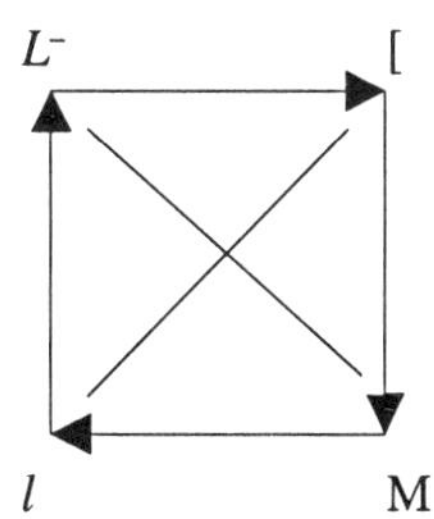

La lectrice est complémentaire du non-lecteur
La lectrice n'est jamais satisfaite du livre qu'elle lit
Une maison pleine de livres cache le livre cherché
Une maison pleine de livres est agréable pour le non-lecteur
La lectrice n'a jamais fini d'explorer sa maison
Le non-lecteur trouve toujours le livre cherché

Fonte: Braffort, 2000.

Calvino[24] utiliza disfarces do leitor e do narrador, o que faz o leitor implicar-se na narrativa. Os quadrados permitem identificar, por meio das relações paradigmáticas, as estratégias de construção do romance, conforme se verifica no quadro abaixo[25]:

L	**Le lecteur qui est là**	l	**le livre qui est là**
L'	**Le lecteur qui est dans le livre**	l'	**le livre qui est dans le livre**
L	**la lectrice**	$\mathfrak{L}$	**la lectrice intellectuelle**
$l^{\smile}$	**interruption de la lecture**	$l^{\frown}$	**continuation de la lecture**
$l\Rightarrow$	**continuer un autre livre**	$l\Leftarrow$	**continuer le livre commencé**
$l\clubsuit$	**l'art du roman**	$l\spadesuit$	**l'idéologie du roman**
l_x	**un livre mystérieux**	$\bar{l}_x$	**un livre inachevé**
l_L	**le livre lu par la lectrice**	l_A	**le livre écrit par l'auteur**
L^+	**l'hyperlecteur**	$[$	**le non-lecteur**
S^+	**le sublime**	S^-	**le silence**
L_p	**le lecteur professionnel**	A	**l'auteur**
A^{ε}	**l'ordinateur**	A^-	**le faussaire**
A^+	**le père des récits**	α	**le livre apocryphe**
β	**le vrai livre**	M	**La maison pleine de livres**
N	**le bruit de fond**	$é$	**l'écriture**
x	**le mystère**	A_p	**l'auteur productif**
A_t	**l'auteur tourmenté**	P	**le pouvoir**
n	**le on impersonnel**	C	**la censure**

Fonte: Braffort, 2000.

A organização temática e estilística do romance é apresentada por Calvino como um método, pelo qual traça um esquema que fornece o itinerário delineado no livro. Depois de concluída a obra, o autor tenta

[24] CALVINO apud BRAFFORT, 2000, p. 236.

[25] A tradução é apresentada no Anexo B.

justificar conceitualmente, para si mesmo, o enredo, o percurso, a ordem, e percebe que a cada *romance* iniciado e interrompido correspondia um caminho descartado, que por sua vez formava, no conjunto, um esquema de alternativas possíveis. Como demonstra o esquema abaixo, construído pelo autor, "a cada vez se exclui uma das alternativas, e a restante se bifurca em outras duas"[26]

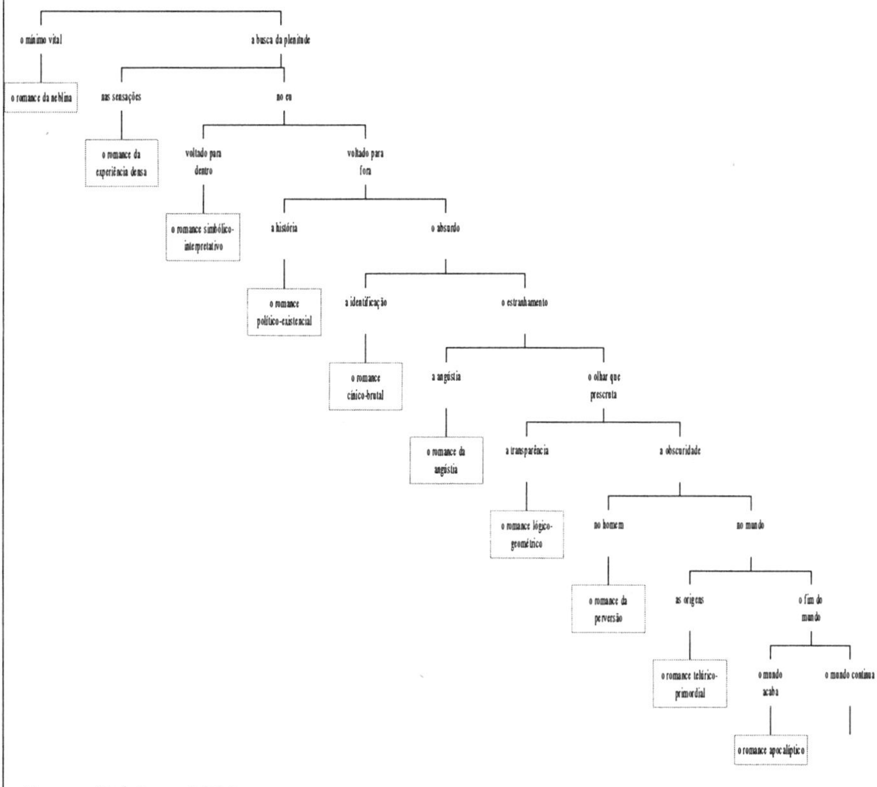

Fonte: Calvino, 1999.

---

[26] CALVINO, I. **Se um viajante numa noite de inverno**. São Paulo: Companhia das Letras, 1999. p. 273. Esse esquema foi publicado em dezembro de 1979 na revista mensal *Alfabeta*, cinco meses após a publicação do romance pela Einaudi, em resposta à resenha do crítico italiano Angelo Guglielmi, e aparece como apêndice na publicação em língua portuguesa pela Companhia das Letras, em 1999.

Geometria e literatura se apresentam, pois, como lugar de exercício das regras e do jogo que caracterizam a evolução da arte calviniana. "Exercícios de literatura potencial": assim foram intitulados alguns trabalhos publicados pelo grupo **OuLiPo — Ouvroir de littérature potentielle —**, ao qual pertenceu Calvino, cujo propósito era o de criar uma espécie de grupo de pesquisa de literatura experimental voltado para novas possibilidades poéticas. Como em toda poética, que obedece a regras e restrições,

> *Le projet de l'OuLiPo est donc de découvrir des structures nouvelles, cést-à-dire des contraintes nouvelles. D'une part, ces structures nouvelles permettent de dégager une 'littérature potentielle' du matériel déjà existant, cést-à-dire qu'en superposant une nouvelle structure à une œuvre ancienne on obtient un produit nouveau, qui peut avoir une valeur littéraire en soi ou qui peut servir à analyser cette œuvre. D'autre part, cette structure nouvelle peut servir à créer une œuvre entièrement neuve, d'où une double 'potentialité' de littérature dans la règle, la loi, la structure, proposée*[27] *[O projeto do OuliPo é então descobrir novas estruturas, quer dizer, novas constrições. De um lado, essas novas estruturas permitem libertar uma 'literatura potencial' do material já existente, ou seja, no que se superpõe uma nova estrutura a uma obra antiga obtém-se um produto novo, que pode ter um valor literário em si ou que pode servir para analisar essa obra. Por outro, essa nova estrutura pode servir para criar uma obra inteiramente nova, donde se propõe uma dupla 'potencialidade' de literatura dentro da regra, da lei, da estrutura].*

Dentre as possibilidades experimentais de criação literária que esse grupo desenvolveu destaca-se aquela que caracteriza nossa época e que difunde social e culturalmente o romance. Tal escolha fulgura no romance **Se um viajante numa noite de inverno** de Calvino: a série romanesca, que "consiste na sucessão de um conjunto de romances ligados entre si por laços de diversa natureza (personagens, espaços, tempo histórico etc)..." [28].

Como se observa no *Viajante*[29], há um núcleo temático e ideológico em torno do qual se estabelecem as principais categorias da narrativa res-

---

[27] ENCYCLOPAEDIA Universalis France S. A., 1999, p. 7.

[28] REIS, C.; LOPES, A. C. **Dicionário de narratologia**. Coimbra: Almedina, 1998. p. 377.

[29] A partir daqui o nome do romance **Se um Viajante numa Noite de Inverno** passará a ser designado como *Viajante*, a exemplo do que faz o próprio autor.

ponsável por cada unidade romanesca e pela passagem de uma para outra dessas unidades. Estabelece-se uma relação entre os componentes temático-ideológicos e as estratégias narrativas, de modo que se manifesta na série uma certa continuidade. Essa continuidade se verifica tanto no tratamento e na caracterização das personagens quanto no modo de representar e de articular tempo e espaço propícios às conexões entre as várias unidades da série romanesca.

Os *romances* são intercambiáveis. Há elementos comuns em todos eles. Todos os *romances* são, de alguma maneira, especulares. Possuem autonomia: podem ser lidos separadamente. Isso não ocorre com os capítulos, uma vez que eles é que organizam os *romances* no romance. Ao mesmo tempo que a articulação entre as unidades da série romanesca se explicita e engendra a própria série, a ação que se configura no interior de cada romance fecha-se em sua própria composição. Os eventos representados se resolvem, fazendo diluir a interdependência dos romances. Por isso mesmo, há no conjunto, ou seja, no romance, simultaneamente relação e autonomia. Uma vez escolhidas as regras com que será construída a obra, a criação estética resta livre.

Só há relação porque há autonomia. Por outro lado, a continuidade deve-se também à redundância. Ou seja, a estratégia comunicativa típica da verossimilhança, encontrada nas remotas narrativas d'**As mil e uma noites**, organiza personagens e situações recorrentes em vários episódios em função de determinada ação e de determinado fim. Este é um modo de prolongar a cadeia de sucessivos atos narrativos. A presença do protagonista de Calvino ao longo da série deve-se em parte a sua caracterização, na medida em que certas atitudes e traços reaparecem sempre ligados a outros componentes que o acompanham. Há uma calculada estabilidade que afirma a movimentação, o reconhecimento e o prolongamento metonímico das características das personagens.

Para construir-se semiologicamente, a série se articula por meio de uma economia narrativa de tipo romanesco. Construídos sobre a necessidade de se resolver um enigma — a descoberta de um romance interrompido cuja leitura é avidamente desejada pelo leitor —, os *romances* dentro do romance inspiram um percurso de procura interpretado pelo protagonista e acompanhado pelo leitor. Aliás, o verdadeiro protagonista do romance é o próprio romance.

O percurso, como mola-mestra, organiza portanto o romance. Sua coerência se estabelece a partir de uma rede de coordenadas que compõem, pela complexidade e multiplicidade de alternativas possíveis, a imagem de um labirinto. A racionalidade que aí se apresenta é a da observância de regras de composição típica da atitude de busca de uma literatura potencial, pela qual "a obra verdadeira consiste não em sua forma definitiva mas na série de aproximações para atingi-la"[30]. Confirmam-se dois aspectos relativos à atitude simultaneamente racionalizante e estética encontrada no romance: de um lado, o pensamento do autor de que "a racionalidade mais profunda implícita em toda operação literária deva ser procurada nas necessidades antropológicas a que essa corresponde"[31]; de outro lado, a eficácia narrativa decorrente de uma economia "em que os acontecimentos, independentemente de sua duração, se tornam punctiformes, interligados por segmentos retilíneos, num desenho em ziguezagues que corresponde a um movimento ininterrupto"[32].

Parafraseando Calvino em suas considerações sobre a arte de Sheherazade, pode-se dizer que a narrativa no *Viajante* é eficaz porque uma história se encadeia a outra, sendo interrompida no momento exato; opera-se sobre a continuidade e a descontinuidade do tempo. O tempo é capturado e define o ritmo do romance, diversificando as maneiras de manter aceso o desejo de se ler o resto. O liame narrativo estabelece uma relação lógica entre os vários episódios da série romanesca e instiga o desejo do leitor, que se dirige a um objeto que não existe, a uma ausência, uma falta. Nesse campo de forças destaca-se a própria narrativa, articulada como "o nó de uma rede de correlações invisíveis"[33].

Essa *rede de correlações invisíveis* no romance de Calvino se entretece, nas palavras de Philippe Daros[34], como "*labyrinthe gnoséologique culturel*" [labirinto gnoseológico cultural] que oferece, por um lado, a possibilidade

[30] CALVINO, 1990b, p. 91.

[31] Ibid., p. 40.

[32] Ibid., p. 48.

[33] Ibid., p. 47.

[34] DAROS apud BRAFFORT, 2000. p. 242.

de se confrontar a complexidade do real como recusa das tentativas simplificadoras de hábitos de representação do mundo com que se tenta alcançar um mapa do labirinto; por outro,

> *la fascination du labyrinthe en tant que tel, du fait de s'y perdre et de représenter cette absence d'issue possible comme la véritable condition humaine (...) Dans le désir de chercher une issue existe toujours une part de fascination pour le labyrinthe en soi; et chercher avec un certain acharnement l'issue fait partie du jeu qui consiste à se perdre dans le labyrinthe [o fascínio do labirinto enquanto tal, de maneira a se perder e se representar essa ausência de saída possível como a verdadeira condição humana (...) No desejo de procurar uma saída existe sempre uma parte de fascínio pelo labirinto em si; e procurar com uma certa tenacidade a saída faz parte do jogo que consiste em se perder no labirinto*][35].

Essa parece ser a estratégia narrativa de Calvino: fazer o leitor passar de um labirinto a outro. Importa o desafio do próprio labirinto. Sem fornecer modelos ou explicitar métodos, confrontado à complexidade das coisas, o escritor se ocupa de descobrir os algoritmos escondidos e deixa deliberadamente entrever o trabalho do estudioso e ensaísta. O trabalho do pesquisador consiste, então, em selecionar e combinar as relações.

Graças ao gosto pela abstração e à erudição de Calvino, o que aqui se denomina "*labyrinthe gnoséologique culturel*" [labirinto gnoseológico cultural] manifesta-se mais especificamente como diferentes tendências da literatura contemporânea, todas tentando, segundo Philippe Daros[36], uma totalização dos modos de conhecimento e expressão, embora não seja mais "pensável uma totalidade que não seja potencial, conjectural, multíplice"[37]. Na obra calviniana encontram-se: a) O labirinto do conhecimento fenomenológico, que se revela tanto no gosto do autor pelo infinitesimal como no talento para reconstruir "a fisicidade do mundo por meio da impalpável poeira das palavras" (p. 90)[38], o que faz Calvino ver o poeta como

---

35 DAROS apud BRAFFORT, 2000, p. 242

36 Idem.

37 CALVINO, 1990b, p. 131.

38 As ocorrências de citação, neste capítulo, do texto de Italo Calvino acompanhadas exclusivamente do registro das páginas referem-se ao livro de ensaios **Seis propostas para o próximo milênio**.

alguém "que se bate com a linguagem para transformá-la na linguagem das coisas, que parte das coisas e retorna a nós trazendo consigo toda a carga humana que nelas havíamos investido" (p. 89); b) O labirinto da concreção e da estratificação lingüísticas, apontado pelo autor em Lucrécio, Ovídio e em Gadda, manifestado como um modo de ver o mundo fundamentado na filosofia e na ciência, fazendo-o definir a literatura como um campo de impulsos magnéticos aos quais se dá, pela linguagem, "a espessura, a concreção das coisas, dos corpos, das sensações" (p. 27). Da mesma forma, percebe-se que Calvino, como aqueles escritores clássicos, "realiza operações que envolvem o infinito de sua imaginação ou o infinito da contingência experimentável, ou de ambos, com o infinito das possibilidades lingüísticas da escrita" (p. 113); c) O labirinto de imagens culturais extraídas dc uma cosmologia mais labiríntica ainda, como se vê em Borges. O próprio Calvino reconhece no escritor argentino a rigorosa geometria do cristal e a abstração de um raciocínio dedutivo que desafia o leitor a uma vertiginosa compreensão da infinitude do universo construído como uma rede crescente e multíplice. "Essa idéia de infinitos universos contemporâneos em que todas as possibilidades se realizam em todas as combinações possíveis não é uma digressão..." (p. 134), mas um "modelo das redes dos possíveis" (p. 134), uma "multiplicidade potencial do narrável"(p.135). Pode-se dizer que Calvino articula em seu "*hiper-romance*" (como o próprio autor denomina **Se um viajante numa noite de inverno**), "uma espécie de máquina de multiplicar as narrações partindo de elementos figurativos com múltiplos significados possíveis", de modo que essas estruturas lhe permitam "aliar a concentração de invenção e expressão ao sentimento das potencialidades infinitas"[39].

No romance **Se um viajante numa noite de inverno** Calvino faz essa *espécie de máquina de multiplicar narrações* produzir, disfarçando-se e multiplicando-se ele próprio em dez diferentes autores — os autores apócrifos —, cuja conseqüência é a de implicar o *self* do autor nesse processo, desfigurando-se nos diferentes estilos. Nos ensaios que compõem **Por que ler os clássicos**[40] e **Seis propostas para o próximo milênio**[41] o escritor nomeia

[39] CALVINO, 1990b, p. 135.

[40] CALVINO, I. **Por que ler os clássicos.** São Paulo: Companhia das Letras, 1993b.

[41] Id., 1990b.

livros e autores com quem forma, por seu prodigioso diálogo, a *explosão da biblioteca*[42] e seu *labirinto gnoseológico cultural*. Ali são citados e amplamente discutidos: Ovídio, Lucrécio, Cervantes, Dante, Plínio, Homero, Cavalcanti, Cyrano de Bergerac, Shakespeare, Swift, Diderot, Dickens, Tolstoi, Maupassant, De Quincey, Sterne, Galileu, Leopardi, Newton, Leibniz, Giordano Bruno, Francis Ponge, Pavese, Musil, Valéry, Flaubert, Mallarmé, Balzac, Beckett, Gadda, Proust, Goethe, Queneau, Perec, Stendhal, Joyce, Borges.

Para responder pela multiplicidade do universo Calvino realiza uma abertura em *mise-en-abîme* para o infinito que parece reconstruir as grandes linhas do desenvolvimento científico que necessariamente se dão no percurso da história da astronomia e da física, e que se revelam no interesse pelas questões relativas à natureza do espaço, da matéria, à estrutura da ação, ao papel da causalidade, assim como pelas questões relativas à natureza, à estrutura e ao valor do pensamento e da ciência.

Com a *crise da consciência européia*, como Koyré[43] denomina a revolução espiritual decorrente do Renascimento e que tão profundamente marcou o pensamento e a ciência dos períodos subseqüentes, verificou-se a passagem de uma visão poética, bíblica, da existência, do homem e das coisas, própria da Idade Média, para uma visão fundamentada nas conquistas do conhecimento, dos diferentes saberes. A finitude do universo é problematizada e, do mundo fechado ao universo infinito, a busca da verdade opera uma separação entre Deus e a ciência. Os novos modos de interpretar o mundo e de estruturar o pensamento separam também o mundo dos valores do mundo dos fatos, substituindo o esquema teleológico e a concepção aristotélica pela geometrização do espaço. A revolução científica e filosófica ocorre com Copérnico que, ao seguir Platão e os pitagóricos, arranca a Terra do centro do mundo e a coloca no céu entre os planetas, desestabilizando a ordem cósmica tradicional e a estrutura hierárquica do domínio celeste do ser imutável sobre as regiões terrestres ou sublunares da mudança e da dissolução. Fundamenta-se a estrutura do pensamento moderno responsável pela história do cosmos e da infinitização do universo.

---

[42] Calvino, 1990b, p. 16.

[43] KOYRÉ, A. **Do mundo fechado ao universo infinito**. Lisboa: Gradiva, [s. d.].

Alarga-se o mundo e atinge-se a infinitude do universo. O mundo é redimensionado. Nutrindo-se de uma visão intelectiva e poética de que "o conhecimento do mundo se transforma em dissolução da compacidade do mundo, na percepção do que é infinitamente minúsculo, móvel e leve"[44], Calvino vê no movimento e na mudança sinais de perfeição. Um universo vivo deve poder mover-se e mudar. Se o conhecimento científico e filosófico deve se basear no entendimento, o infinito é, portanto, objeto da inteligência e é nesse quadro que se inscreve a compreensão da literatura como processo lógico-geométrico de poetização da existência.

A leitura exaustiva que Calvino faz de Galileu e de Borges — só para mencionar dois dos autores fundamentais à formação intelectual e erudita do escritor consolidada pela idéia de literatura como mundo construído e governado pelo intelecto — ilustra a importância do sistema combinatório como condição para responder pela multiplicidade do universo. A exemplo do que o ensaísta Calvino aponta nesses e em outros autores, pode-se dizer que idéias sucedem-se umas às outras e realizam aberturas vertiginosas para o infinito. Observa-se que Calvino concretiza no ***Viajante*** o que apropriadamente identifica em Borges[45]: "cada texto dele duplica ou multiplica o próprio espaço através de outros livros de uma biblioteca imaginária ou real, leituras clássicas, eruditas ou simplesmente inventadas", com as quais se faz "uma literatura elevada ao quadrado e ao mesmo tempo uma literatura como extração da raiz quadrada de si mesma: uma 'literatura potencial'".

O desenho geral do romance calviniano, formado nos termos de um teorema geométrico, se apresenta a respeito tanto da ciência quanto da arte como técnica e como jogo. Propondo-se como modelo de funcionamento da inteligência, a lógica é, para o autor, também uma arte. Nessa perspectiva, ciência e literatura podem ser compreendidas num único discurso. A abstração tem como objetivo multiplicar, fazer transformar e proliferar, pela experimentação e pelo jogo, a produção estética. Pode-se dizer da obra de Calvino o que ele próprio diz da de Queneau[46]:

---

[44] CALVINO, 1990b, p. 20.

[45] CALVINO, 1993b. p. 249.

[46] Ibid., p. 270.

> *A estrutura é liberdade, produz o texto e ao mesmo tempo a possibilidade de todos os textos virtuais que podem substituí-lo. Esta é a novidade que se encontra na idéia da multiplicidade 'potencial' implícita na proposta de uma literatura que venha a nascer das limitações que ela mesma escolhe e se impõe. Convém dizer que no método do 'Oulipo' é a qualidade dessas regras, sua engenhosidade e elegância que conta em primeiro lugar (...)...a obra é apenas um exemplo das potencialidades alcançáveis somente por meio da porta estreita dessas regras.(...) Em suma, trata-se de opor uma limitação escolhida voluntariamente às limitações sofridas impostas pelo ambiente (lingüísticas, culturais etc.). Cada exemplo de texto construído segundo regras precisas abre a multiplicidade 'potencial' de todos os textos virtualmente passíveis de escrita segundo aquelas regras e de todas as leituras virtuais desses textos.*

A multiplicidade *potencial* da literatura produz virtualidades estéticas e cognitivas tanto no âmbito da escrita quanto no da leitura, caracterizadas pela incessante procura do protagonista do ***Viajante***, cuja inquietude advém de seu desejo persistente e da angústia do conhecimento. Como Marco Polo e Kublai Cã, d'**As cidades invisíveis**, ou como Palomar, personagem que dá título ao último livro publicado em vida por Calvino (em 1983), o Leitor se frustra e se angustia diante da impossibilidade de conhecer as coisas em sua exaustividade e faz dela, paradoxalmente, *leitmotiv* para sua busca e sua rigorosa exigência.

São as possibilidades de o romance virtualmente transformar-se, criadas pela própria estrutura romanesca, associadas ao exercício do pensamento abstrato fundamentado pelo conhecimento científico e literário do autor implícito nos discursos de narrador e personagens, que inscrevem a literatura de Calvino num vasto campo gnoseológico cultural responsável pela compreensão cosmológica da experiência humana. Como o narrador em **Palomar**[47], Calvino tenta aplicar ao romance tudo o que pensou a respeito do universo: "O universo como cosmo regular e ordenado ou como proliferação caótica. O universo, talvez finito mas inumerável, instável em seus limites, que abre dentro de si outros universos. O universo, conjunto de corpos celestes, nebulosas, poeira de estrelas, campos de força, interseções de campos, conjuntos de conjuntos..."

---

[47] CALVINO, I. **Palomar**. São Paulo: Companhia das Letras, 1994. p. 32.

Como exercício fecundo do pensamento, a literatura de Calvino é o reino das possibilidades. Tudo é digno de ser pensado e interrogado. Tal como sua personagem Palomar[48], que "lê livros de astronomia" e "familiariza-se com a idéia dos espaços siderais a ponto de ela se tornar um utensílio permanente de sua ambientação mental", (...) "quando está convencido de haver delimitado exatamente seu lugar em meio à muda vastidão das coisas que flutuam no espaço, entre as miríades de eventos reais ou possíveis que pairam no espaço e no tempo", Calvino aplica sua sabedoria cósmica e seus conhecimentos de física, astronomia, lógica e filosofia aos processos de produção literária para traduzir "a idéia de que tudo no universo se interliga e corresponde..."

Vários são os depoimentos do escritor em que seu interesse em aliar técnica, conhecimento e esquemas abstratos à precisa apresentação do aspecto sensível das coisas é revelado. Incessantemente reafirma em seus escritos tanto ensaísticos quanto ficcionais os diversos elementos que concorrem para formar a imaginação literária e que advêm das aquisições e manifestações da cultura. Calvino vê no entrecruzamento de fantasia e conhecimento científico e nas correspondências entre esses diferentes mundos o paradoxo de um conjunto infinito, e o classifica como "indecidível"[49]. Essa indecidibilidade se aplica à abertura de sua vasta formação intelectual e cultural. Sempre buscando possibilidades expressivas, cognoscitivas e imaginativas, o ensaísta afirma:

> *No universo infinito da literatura sempre se abrem outros caminhos a explorar, novíssimos ou bem antigos, estilos e formas que podem mudar nossa imagem do mundo... Mas se a literatura não basta para me assegurar que não estou apenas perseguindo sonhos, então busco na ciência alimento para as minhas visões das quais todo pesadume tenha sido excluído... Cada ramo da ciência, em nossa época, parece querer nos demonstrar que o mundo repousa sobre entidades sutilíssimas...*[50].

Cônscio da infindável teia que enlaça o atomismo e a gravitação universal, a filosofia e a magia do conhecimento, a substância, as permutações

[48] CALVINO, 1990b, p. 105.

[49] CALVINO, 1990b, p. 113.

[50] Ibid., p. 19-20.

e o contínuo movimento do mundo, Calvino faz prosseguir "uma longa tradição de pensadores para quem os segredos do mundo estavam contidos na combinatória dos sinais da escrita..."[51]. Buscando incessantemente usar o fio da escrita para tecer a infinita variedade das coisas, questiona-se: "Há demasiados fios intrincando-se em meu discurso? Qual deles devo puxar para ter em mãos a conclusão?..." (p. 38). Sabe o escritor, no entanto, que a existência da literatura está condicionada ao fato de seus propósitos estarem sempre para além de suas possibilidades de realização, e que "o grande desafio para a literatura é o de saber tecer em conjunto os diversos saberes e os diversos códigos numa visão pluralística e multifacetada do mundo" (p. 127). Desse anseio de escrever importa mesmo a abordagem da experiência, não sua concretização. O escritor esclarece [52]:

> *Devo dizer que a maioria dos livros que escrevi e os que pretendo escrever nascem da idéia de que será impossível para mim escrever um livro daquela natureza: quando me convenço de que tal livro está totalmente além de minhas capacidades de temperamento ou técnica, sento e começo a escrevê-lo.*

A despeito da importância considerável de suas publicações, incluindo-se ensaios e obras de ficção que não se pretende aqui enumerar, pouco se sabe da biografia de Calvino, a não ser por alguns estudos da crítica italiana e por fragmentos auto-biográficos e informações apresentadas no livro de Philippe Daros citado por Braffort[53] e que se reproduz a fim de aproximar o leitor da interpretação que o escritor faz de sua história pessoal.

Considerado um dos grandes escritores italianos do século XX, Italo Calvino nasceu em Cuba em 1923, tendo sua família logo retornado à Itália, onde veio a falecer em 19/09/1985, aos 62 anos de idade incompletos. Tendo nascido, crescido e vivido em diferentes lugares — Cuba, Riviera Italiana, Turim, Roma, Paris —, considerou a instabilidade geográfica e cada mudança repetição do trauma do nascimento. Sob o signo da balança plasma seu caráter. A instabilidade o faz sentir-se sempre estrangeiro no

---

[51] Ibid., p. 39.

[52] Ibid., p. 146-7.

[53] BRAFFORT, 2000, p. 229-230.

lugar que deliberadamente escolhe para viver. Mais que isso, o faz desejar sem cessar um alhures, experimentar um sentimento de querer estar em outro lugar. Para o homem Calvino, "*tout peut changer, mais pas la langue que nous portons en nous, ou plutôt qui nous porte en elle comme un monde plus exclusif et définitif que le ventre maternel*"[54] [tudo pode mudar, mas nunca a língua que portamos em nós, ou sobretudo que nos porta nela como um mundo mais exclusivo e definitivo que o ventre materno].

Instabilidade e oscilação, do nascimento à criação literária, estabelecem o princípio e as relações de seu pensamento com as formas de cultura e fertilizam o reino de sua escrita. Como ensaísta, admite, na conferência sobre a *rapidez*, render tributo especial ao deus Hermes-Mercúrio, que sob o nome de Toth inventou a escrita e representa o poder da comunicação e das mediações. À força dele se contrapõe no escritor o temperamento influenciado por Saturno, que tende à melancolia e à contemplação. Ambos moldam sua personalidade e sua escrita. O próprio escritor se define[55]:

> *Os antigos nos ensinam que o temperamento saturnino é próprio dos artistas, dos poetas, dos pensadores, e essa caracterização me parece correta. É certo que a literatura jamais teria existido se uma boa parte dos seres humanos não fosse inclinada a uma forte introversão, a um descontentamento com o mundo tal como ele é, a um esquecer-se das horas e dos dias fixando o olhar sobre a imobilidade das palavras mudas. Meu caráter apresenta sem dúvida os traços tradicionais da categoria a que pertenço: sempre permaneci um saturnino, por mais diversas que fossem as máscaras que procurasse usar. Minha veneração por Mercúrio talvez não passe de uma aspiração, um querer ser: sou um saturnino que sonha ser mercurial, e tudo o que escrevo se ressente dessas duas influências.*

Escritor realista, dotado de inesgotável imaginação, Calvino faz da experiência com a linguagem um compromisso pessoal, eivado de ironia e originalidade, com as manifestações políticas e culturais de seu tempo. Seu primeiro livro — **A trilha dos ninhos de aranha** — publicado em 1947, é uma evocação à Resistência italiana, e o inclui desde então na vida cultural

---

54 DAROS apud BRAFFORT, 2000, p. 230.

55 CALVINO, 1990b, p. 64-5.

de seu país. Essa publicação o situa inicialmente no neo-realismo dos anos do pós-guerra. Realismo e elementos de pura fantasia se misturam, associados ao gosto pelo tom impessoal que não esconde a forte sensibilidade do artista. O recurso à fábula é apenas mais um dos modos de criação. Toda sua obra, a despeito de sua vastidão e diversidade no estilo, traduz suas preocupações sociais com o mundo atual, presente. A política preencheu parte considerável das preocupações da juventude, fato que lamenta o escritor mais tarde (e que é citado por Daros), posto que "*certaines pratiques qui semblaient éloignées de la politique comptent beaucoup plus par leur influence sur l'histoire (même politique) des individus et des pays*".[56] [certas práticas que parecem afastadas da política contam muito mais por sua influência sobre a história (mesmo política) dos indivíduos e dos países].

Nada em Calvino se apresenta exclusivamente como puro divertimento e gratuidade, ainda que pareça o autor abandonar-se deliberadamente à criação e à dimensão imaginária. Mesmo nos contos filosóficos — **O visconde partido ao meio, O barão perdido** e **O cavaleiro inexistente** — em que o recurso ao fantástico e a ironia mais sutil se manifestam, se entrevê angústia e emoção. A ironia, impossível de se separar da dimensão fantástica, corresponde a uma atitude ambígua de Calvino, que se interroga e ao mesmo tempo se protege das pressões com as quais se sente constantemente confrontado. Tais conflitos, ele não pode resolver a não ser no terreno privilegiado da literatura. A tomada de consciência e a perda da esperança de radicais transformações políticas e sociais no decurso dos anos da Resistência e do pós-guerra, que culminaram com o abandono do partido comunista italiano em 1956, parecem constituir, juntamente com a intensa atividade literária articulada na responsabilidade do escritor e do editor, sua ambigüidade e seu desafio. Diz o escritor[57]: "*Travaillant dans une maison d'édition, j'ai consacré plus de temps aux livres des autres qu'aux miens. Je ne le regrette pas: tout ce qui sert à l énsemble d'une communauté civile est de l'énergie bien dépensée*" [Trabalhando numa editora, consagrei mais tempo aos livros dos outros que aos meus. Eu não o lamento: tudo que serve ao conjunto de uma comunidade civil é energia bem gasta]. Esse

---

56 DAROS apud BRAFFORT, 2000, p. 230.

57 CALVINO apud BRAFFORT, 2000, p. 230.

trabalho revelou ao público seu rigor e sua recusa a uma atitude de vanguarda isolada da realidade histórica.

Aproximando o homem da história, Calvino edificou uma obra considerável e singular. Da tensão constante entre o fantástico e o realismo resulta o virtuosismo que a caracteriza. As referências históricas ou intelectuais nutrem e desafiam o pensamento exigente e inquieto do escritor que, fascinado pelas possibilidades de interpretação científica da realidade, persegue-as sob mil formas diferentes de indagar as relações entre os seres.

Estimulado por Borges, Queneau e pelo grupo OuLiPo tanto quanto pelas reflexões de Derrida e Barthes sobre o texto, Calvino redimensionou as estratégias da escrita, mais especificamente da narrativa, em seu romance **Se um viajante numa noite de inverno**, publicado em 1979. Calvino aí realiza a representação metafórica de sua própria maneira de proceder e da idéia que se faz da criação literária. Vê-se que o texto não se realiza senão pela intervenção do leitor, a partir da margem de sentidos que lhe é aberta pela leitura.

Capítulo 2

Linguagem e discurso

Já não se pode ver uma obra literária simplesmente como um sistema de regras, cuja origem determina, *a priori*, um significado anterior a qualquer significação. Não se podem nem se devem separar as significações do sujeito como não se podem dissociá-los da cultura. Há uma passagem da linguagem ao discurso. É preciso compreender as sutis e decisivas transformações responsáveis por uma elaboração conceitual que define essa passagem e funda um diferente modo de interpretar textos e discursos.

Uma leitura que leve em conta esse remanejamento epistemológico possibilita desdobrar no romance a pluralidade do texto, e reconstituir, pelo trabalho de significância, o sentido da experiência da escrita. Ressignificando a escrita, podem-se ler na complexidade discursiva da criação estética calviniana as manifestações de sua singularidade. Interpretá-la, reconhecendo-lhe o caráter de acontecimento, requer vê-la em sua superfície, isto é, desafiá-la em sua dimensão de *jogo*. Portanto, em sua condição de *discurso.*

2.1 Apontamentos para uma possível semiologia da leitura

Faz-se necessário entender a dispersão e a multiplicidade constitutivas do discurso a partir da forma como os caracteres significantes se combinam na superfície textual. É preciso compreender o funcionamento da linguagem, sua natureza de iterabilidade e de suplemento capaz de produzir o discurso e de incessantemente modificá-lo. Há que pensar a historicidade da linguagem e a ruptura epistemológica feita com as premissas fundamentais do estruturalismo. A noção de estrutura é decisiva para compreender os rumos da lingüística moderna e como dela própria brota o germe de sua desconstrução.

Embora Benveniste[58] mantenha a concepção básica de língua como *sistema de representação* do real, lança ele um olhar inaugural sobre o problema da significação, ao apontar no estruturalismo uma redução a um certo condicionamento lingüístico, redução esta responsável por uma nova forma de atomização da língua. Ao perceber, em seus estudos, uma relação de determinação mútua entre língua e sociedade pela mediação da linguagem, ao relacionar a linguagem à cultura e o pensamento à linguagem, ao estabelecer as relações de pessoa e de tempo na estrutura lingüística e, principalmente, ao destacar o fenômeno da subjetividade na linguagem, Benveniste aponta as insuficiências relativas ao problema da significação na lingüística estrutural e abre caminho para as descobertas e o reconhecimento dos processos histórico-sociais na constituição dos sentidos. Trata-se já da passagem da linguagem ao discurso.

Interrogando a linguagem sempre do ponto de vista do sentido, Benveniste contribuiu para fundar uma lingüística nova: a lingüística da interlocução. Ou, melhor dizendo, uma teoria da enunciação, que se organiza em torno tanto do aspecto dialógico presente em todas as manifestações lingüísticas — e que são indissociáveis do fenômeno da subjetivação — quanto da concepção do tempo. As relações entre os termos do discurso são concebidas como relações diferenciais geradoras de significação. A linguagem, a partir de então, passa a ser vista como uma atividade intersubjetiva. Todo ato de linguagem funda a interlocução e a intersubjetividade. Como princípio fundamental dessa teoria, a enunciação supõe os usos da linguagem e a conseqüente conversão da língua em discurso. Pela atualização da língua em enunciados diversos, através dos discursos, a língua se forma e se configura. Linguagem em ação é discurso. Isso quer dizer que somente pela enunciação de um sujeito, que produz discurso, se confere sentido aos acontecimentos. A relação homem/linguagem é, para Benveniste, uma relação constituída por processos gerais de enunciação. A apropriação do sistema lingüístico, sempre único e irrepetível, faz da enunciação um acontecimento singular, que se desvanece, que se dissipa. A enunciação a cada vez cria o acontecimento. Por isso a invenção da língua está contínua e consubstan-

[58] BENVENISTE, E. **Problemas de lingüística geral I.** 3. ed. Campinas: UNICAMP, 1991.

cialmente ligada ao devenir dos sujeitos. A linguagem é constituída de e por sujeitos. Daí que a enunciação seja o fundamento mesmo da cultura, pelo seu poder de agir, de transformar.

Ao buscar na análise de um sistema significante não o que ele designa, mas o que e como significa, Benveniste[59] mostra, com a teoria da enunciação, a coerência de um pensamento que não dissocia linguagem e subjetividade, visto que o sujeito jamais se distingue da instância do discurso. A característica da linguagem consiste em significar. Há, portanto, uma relação de interpretância entre língua e sociedade. Esta relação de interpretância é semiológica. Assim, a linguagem é não apenas objeto, mas mediadora de conhecimento e de outras relações e, por isso mesmo, transformadora. Há que reconhecer a língua em uso e as manifestações discursivas como produção de linguagem, que envolvem sempre os sujeitos (falante/ouvinte; autor/leitor) e as condições sócio-históricas.

Para Bakhtin[60,61], a linguagem é, por excelência, o campo de luta ideológica, em que se cruzam diferentes interesses sociais, intenções, valores, concepções, que constituem a intricada e complexa malha das significações. Sendo essencialmente histórica, linguagem é trabalho. Ao se produzir, traz as marcas dos processos históricos e sociais que a engendram, ao mesmo tempo que os define. Sendo sempre, inelutavelmente, foco de luta e contradição, a linguagem se realiza em relações sociais definidas. "... O signo e a situação social em que se insere estão indissoluvelmente ligados"[62]. Portanto, o ato de significar não se separa da situação concreta em que se realiza, porque "a palavra (...) reflete sutilmente as mais imperceptíveis alterações da existência social"[63].

Esses processos refletem seus conceitos de dialogismo e interação, que vêm a ser fundantes de uma visão materialista e dialética da linguagem, segundo a qual o fenômeno ideológico inscreve-se no fenômeno

---

59 BENVENISTE, 1991.

60 BAKHTIN, M. **Marxismo e filosofia da linguagem**. São Paulo: Hucitec, 1988.

61 Id. **Estética da criação verbal**. São Paulo: Martins Fontes, 1992.

62 BAKHTIN, 1988, p. 62.

63 Ibid, p. 46.

lingüístico. Sua historicidade e as marcas nele inscritas da subjetividade conferem à linguagem, acima de tudo, materialidade.

A significação é entendida como "o subproduto de um jogo potencialmente interminável de significantes, e não um conceito ligado a um determinado significante"[64]. Não há uma relação biunívoca ou uma correspondência direta entre significante e significado. O pós-estruturalismo refaz o entendimento das relações entre significante e significado. A significação nunca é idêntica a si mesma, em parte pela singularidade dos signos, em parte porque os signos são sempre reiteráveis ou reproduzíveis, o que define a sua identidade. A possibilidade de essa identidade poder ser repetida em diferentes contextos interfere na sua significação, que se modifica sempre cada vez que surge em um novo contexto. Isso quer dizer, como afirma Eagleton[65], que "o significado será sempre modificado pelas várias cadeias de significantes nas quais ele está inserido". Logo, não existe um significado definido *a priori* como origem de todas as significações, como um conceito significado em si próprio, cuja existência seja anterior aos discursos. Não existe o *significado transcendental*, como destaca Derrida[66], como exigência fundamental imposta por tudo que liga nossa língua, nossa cultura, nosso *sistema de pensamento* à história e ao sistema da metafísica. A significação não deve, por conseguinte, ser remetida a uma *origem* ou a um *telos* nem ordenada e classificada hierarquicamente. Esta reflexão aponta para o projeto de desconstrução de Derrida, pelo qual são questionados três conceitos básicos sobre os quais se fundou a construção da metafísica ocidental: o fonocentrismo, o logocentrismo e o etnocentrismo.

O fonocentrismo, o logocentrismo e o etnocentrismo, ao estabelecerem uma origem e um centro para toda a filosofia, atuam como elementos estruturantes de todo o pensamento ocidental. Esse pensamento está solidamente construído nas bases seculares das oposições conceituais da metafísica, tais como: sensível/inteligível, verdade/falsidade, bem/mal, espaço/tempo, passividade/atividade, finitude/infinitude, fala/língua, escri-

---

64 EAGLETON, T. **Teoria da literatura:** uma introdução. São Paulo: Martins Fontes, 1993b.

65 EAGLETON, 1993b, p. 139.

66 DERRIDA, J. **Posições**. Lisboa: Plátano, [s.d.].

ta/fala, significante/significado, diacronia/sincronia, espírito/matéria, dentre outras. Criou-se o hábito binário do pensamento, ou seja, estruturou-se, com base nessas oposições conceituais, o pensamento metafísico, que não pode ser simplesmente evitado ou abolido. Pensar a transformação desses conceitos, atravessá-los, reinscrevendo-os em outras cadeias de pressuposições e modificando-os pouco a pouco a fim de se produzirem novas configurações: nisso consiste o movimento da desconstrução proposta por Derrida[67], que assim discorre:

> *...uma oposição de conceitos metafísicos (por exemplo, fala/escrita, presença/ausência etc.) nunca é um face-a-face de dois termos, mas uma hierarquia e a ordem de uma subordinação. A desconstrução não pode limitar-se ou passar imediatamente para uma neutralização: deve, através de um gesto duplo, uma dupla ciência, uma dupla escrita, praticar uma* reviravolta *da oposição clássica e um* deslocamento *geral do sistema. É só nesta condição que a desconstrução terá os meios de intervir no campo das oposições que critica e que é também um campo de forças não-discursivas. Cada conceito, por outro lado, pertence a uma cadeia sistemática e constitui ele próprio um sistema de predicados. Não existe conceito metafísico em si. Existe um trabalho — metafísico ou não — sobre sistemas conceituais. A desconstrução não consiste em passar de um conceito para outro, mas em modificar e em deslocar uma ordem conceitual assim como a ordem não-conceitual à qual se articula...*

A desconstrução é um projeto e uma prática política que se pretendem permanentemente como uma crítica aos conceitos (as oposições binárias) constitutivos da história do pensamento científico e filosófico ocidental — o pensamento metafísico — como base do sistema de significações. É o processo pelo qual aqueles conceitos podem ser parcialmente enfraquecidos no seu próprio interior. Ao mesmo tempo denuncia a ligação entre o método estruturalista e o pensamento logocêntrico e te(le)ológico pelo qual se enfatizam o *centro*, o *sujeito*, a *origem*. A desconstrução propõe uma releitura das leituras estruturalistas, ou seja, propõe que se continue a ler de uma certa maneira os filósofos. Essa passagem para além da filosofia representa um corte epistemológico na cultura ocidental. Pela desconstrução, é

[67] DERRIDA, J. **Margens da filosofia.** Campinas: Papirus, 1991b. p. 372.

possível atravessar a fronteira aparentemente absoluta entre as esferas do que está fora e do que está dentro, do que é estranho e do que é íntimo, do que é verdadeiro e do que é falso, do que é aceitável e do que não é, entre o eu e o não-eu, o sentido e o absurdo, a razão e a loucura, o central e o marginal, a superfície e a profundidade.

Pela leitura desconstrutivista, ou seja, de acordo com uma determinada maneira de operar sobre os textos, pode-se começar a revelar um pouco dessas oposições, invertendo-as ou fazendo-as desaparecer. Sua estratégia é demonstrar como os textos, abrindo-se a contradições, podem embaraçar seus próprios sistemas lógicos dominantes. A desconstrução

> *é, em última análise, uma tentativa de desmontar a lógica pela qual um sistema particular de pensamento e, por trás disso, todo um sistema de estruturas políticas e instituições sociais mantêm sua força. Ela não tenta negar, o que seria absurdo, a existência de verdades, significações, identidades, intenções, continuidades históricas, determinadas de maneira relativa: interessa-se, antes, em considerar tais coisas como os efeitos de uma história mais ampla e mais profunda da linguagem, do inconsciente, das instituições e práticas sociais*[68].

Ao desmontar a lógica e a força dessas estruturas, Derrida[69,70], com a teoria da desconstrução, realiza uma proposição universal sobre a natureza da escrita. Nesse combate à lógica dominante, Derrida reavalia o conceito de signo, apontando sua dependência metafísica e deslocando-o dos limites logocêntricos e etnocêntricos do sistema. Segundo o filósofo, por razões essencialmente metafísicas, o signo sempre esteve ligado à *phonè*, da mesma forma como a voz foi sempre relacionada, desde Platão, à consciência. A *phonè*, essa substância significante que se oferece à consciência, apresenta-se como o pensamento do conceito significado e essa relação entre pensamento e voz, sentido e som, é *naturalizada*. Transforma-se o signo lingüístico numa entidade psíquica de duas faces; dá-se privilégio ao signo fonético. Esse apego à *phonè* reduz a exterioridade do significante, apagando-o ao

68 EAGLETON, 1993, p. 159.

69 DERRIDA, [s.d.].

70 DERRIDA, 1991b.

mesmo tempo que faz emergir o significado, o que condena a escrita, ao considerá-la como mera técnica, exterior e artificial. Isso define, na proposição saussureana do conceito de signo, a existência de um *significado transcendental*, esse conceito significado em si mesmo, independente com relação à língua, ao sistema ou à cadeia de significantes. Isso informa o caráter te(le)ológico existente no conceito de signo. Derrida[71] assim como Kristeva vêem na arbitrariedade do signo um tema fecundo desviado para o terreno da teleologia hierarquizante.

A escrita, excluída do campo do racionalismo científico e filosófico, foi colocada do lado de fora da busca da verdade; quando muito era utilizada como recurso retórico do pensamento sofista para fins de convencimento pela verossimilhança. Não era considerada sua força de constituição, seu caráter constituinte. Destinava-se, secundariamente, a uma mera representação da voz. Esta, sim, tinha primazia, na relação imediata e íntima que lhe era atribuída com a alma. Assim como estabelecia-se um primado do estado da alma sobre a voz, havia um primado da voz sobre o discurso escrito. É nessa escala de valores que se coloca a *phonè* como expressão do *logos*.

Classicamente concebida como inútil e perigosa e como sistema de representação, a escrita fica circunscrita à idéia de *comunicação*, o que é um equívoco, pois o que é transmitido, comunicado, não é da ordem do sentido ou da significação. Derrida desenvolve sua crítica a essa noção de escrita como possibilidade de alargamento do campo e dos poderes da comunicação por ser a comunicação um espaço homogêneo; é como se a continuidade e a homogeneidade, características da comunicação, não afetassem a unidade e a integridade do sentido. Este modo de interpretar relaciona a origem e a função da escrita à categoria de comunicação. A explicação de Derrida[72] é a de que os homens têm de comunicar; o que eles comunicam é o seu *pensamento*, as suas *idéias*, as suas representações; os homens estão já em estado de comunicarem o seu *pensamento* quando inventam este meio de comunicação que é a escrita. Como afirma o filósofo,

---

71 DERRIDA, [s.d].

72 DERRIDA., 1991b.

> *a comunicação (...) implica a transmissão encarregada de fazer passar de um sujeito para outro a identidade de um objeto significado, de um sentido ou de um conceito separáveis de direito do processo de passagem e da operação significante. A comunicação pressupõe sujeitos (cuja identidade e presença estejam constituídas antes da operação significante) e objectos (conceitos significados, um sentido pensado que a passagem da comunicação não tem que constituir nem, de direito, que transformar)*[73]

Segundo essa interpretação, a escrita se caracteriza como quadro, reprodução, imitação do conteúdo do pensamento e da fala, e assume o caráter representativo da comunicação escrita. Esse caráter de representação se relaciona aos conceitos de comunicação e de expressão, pelos quais se firmou a relação indestrutível idéia/signo, fazendo da estrutura representativa em todos os tipos de escrita *representação de representação*. Observa-se sua intrínseca relação com a ideologia. Referindo-se às análises estruturais, Derrida[74] comenta essa relação:

> *Se defini como ideológicas as noções de tipo condillaciano, é porque, sobre o fundo de uma vasta, poderosa e sistemática tradição filosófica dominada pela evidência da idéia (eidos, idea), elas cortam o campo de reflexão dos 'ideólogos' franceses que, na esteira de Condillac, elaboram uma teoria do signo como representação da idéia que representa ela própria a coisa percebida. A comunicação a partir daí veicula uma representação como conteúdo ideal (o que chamará o sentido); e a escrita é uma espécie desta comunicação geral.*

A escrita pressupõe distância no tempo e no espaço e isso implica *ausência*. Este valor de *ausência*, se interrogado de novas maneiras, pode causar uma ruptura na homogeneidade do sistema. Para se admitir qualquer especificidade ao signo escrito é preciso reconhecer e determinar a *ausência* no campo da escrita, compreendê-la como pertencente à estrutura de qualquer escrita, caracterizando esta ausência que parece intervir de maneira específica no seu funcionamento. Como não pode ser presença do presente, o signo apenas re-presenta o presente. Por isso, para ser legível, para que cumpra a sua função, a escrita deve ser necessariamente repetível,

---

[73] DERRIDA, 1991, p. 33.

[74] Ibid, p. 355.

iterável. Esta iterabilidade estrutura a própria marca da escrita. "Qualquer escrita deve, portanto, para ser o que é, poder funcionar na ausência radical de qualquer destinatário empiricamente determinado em geral. E essa ausência não é uma modificação contínua de presença, é uma ruptura de presença..."[75]. É preciso, pois, reconhecer a especificidade do signo escrito e a importância da *ausência* no funcionamento da escrita. A significação não está imediatamente presente em um signo. A significação de um signo depende daquilo que ele não é, pois, de alguma maneira, a significação está ausente dele. Eagleton[76] diz que

> *a significação (...) está dispersa ao longo de toda uma cadeia de significantes e não pode ser facilmente fixada: ela nunca está totalmente presente apenas em um signo, mas é antes uma espécie de constante oscilação de presença e ausência. Ler um texto significa antes acompanhar esse processo de oscilação do que contar as contas de um colar.*

Ao criticar as insuficiências da teoria dos atos de fala, de Austin, ao reconsiderar e limitar os valores, sempre relativos, da intenção — nunca totalmente presente — e do contexto — nunca totalmente determinável — e ao incluir aquilo que é considerado *não-sério* na escrita, Derrida[77] sugere que os efeitos de presença e de acontecimento discursivos pressupõem o que pretendem excluir: o espaço geral de sua possibilidade:

> *escrever é produzir uma marca que constituirá uma espécie de máquina por sua vez produtiva, que a minha desaparição futura não impedirá de funcionar e de dar, de se dar a ler e a reescrever. (...) Devo poder dizer a minha desaparição simplesmente, a minha não-presença em geral, e, por exemplo, a não-presença do meu querer-dizer, da minha intenção de significação, do meu querer-comunicar-isto, na emissão ou na produção de marca. Para que um escrito seja um escrito, é necessário que continue a 'agir' e a ser legítimo mesmo se o que se chama o autor do escrito não responde já pelo que escreveu, pelo que parece ter assinado, quer esteja provisoriamente ausente, quer esteja morto ou que em geral não tenha mantido a sua intenção ou atenção absolu-*

---

[75] DERRIDA, 1991b, p. 356.

[76] EAGLETON, 1993, p. 138.

[77] DERRIDA, 1991b, p. 357.

> *tamente atual e presente, a plenitude do seu querer-dizer, mesmo daquilo que parece ser escrito 'em seu nome'. (...) A situação do escritor e do subscritor é, quanto à escrita, fundamentalmente a mesma que a do leitor.*

Daí definir a escrita como *assinatura*[78]:

> *Por definição, uma assinatura escrita implica a não-presença atual ou empírica do signatário, mas, dir-se-á, marca também e retém o seu ter-estado presente num agora passado, que permanecerá um agora futuro portanto num agora em geral, na forma transcendental de permanência. Esta permanência geral está de algum modo inscrita, pregada na pontualidade presente, sempre evidente e sempre singular, da forma de assinatura.*

Há na linguagem um excedente em relação ao significado, que ultrapassa e escapa do sentido que tenta limitá-la. Há, na própria escrita, alguma coisa que finalmente pode escapar a todos os sistemas e lógicas. Segundo Eagleton[79], "há um oscilar constante, uma contínua difusão e derramamento de significados — o que Derrida chama de *disseminação* — que não pode ser facilmente contida nas categorias estruturais do texto, ou nas categorias de uma abordagem crítica convencional do texto".

A escrita passa a ser considerada, desse modo, simultaneamente *crítica* e *criação*. Rompe-se a tirania da significação estrutural e desloca-se a significação pelo livre jogo da linguagem. Há um abandono do *significado transcendental* e ampliam-se o campo e o jogo da significação.

O descentramento dá estatuto de independência total à cadeia de significantes, ao excluir qualquer possibilidade de *significado transcendental*. Isso permite a abertura interpretativa, ao privilegiar o jogo relacional dos elementos, ou seja, as *substituições infinitas* no jogo que gera efeitos de sentidos dentro de um conjunto finito. A esse movimento de jogo (ilimitado) gerador de significação denomina-se *suplementaridade*. Trata-se da possibilidade de qualquer signo de suprir o centro. A *suplementaridade* é o estatuto mesmo da escrita. Passa-se da obra ao texto, como preconiza Barthes[80].

---

78 DERRIDA, 1991b, 371.

79 EAGLETON, 1993, p. 144.

80 BARTHES, R. **O rumor da língua.** Lisboa: Brasiliense, 1988.

Passa-se do entendimento de uma entidade fechada, com significações definidas, ao jogo irredutivelmente pluralístico e interminável de significantes, que jamais podem ser apreendidos em torno de um único centro, em uma essência ou significação únicas. O texto torna-se um processo aberto de estruturação, e o discurso escrito, destituído da ótica estruturante, torna-se plural.

Percebe-se, então, o processo de significação como um jogo formal de diferenças, isto é, de marcas que se constituem como sínteses e repercussões. Como *différance*. A *différance* seria o jogo sistemático das diferenças, das marcas de diferenças, do espaçamento pelo qual os elementos se relacionam uns com os outros. Este espaçamento é a produção das diferenças, dos efeitos de sentido que se produzem nos interstícios da palavra. As diferenças são os efeitos de transformações no interior do discurso escrito.

Derrida[81] desenvolve sua lógica da *différance*, postulando que, em primeiro lugar, o *a* de *différance* se escreve e se lê, mas nunca se ouve. Em segundo lugar que, advindo etimologicamente do verbo latino *differe*, *différance* tem duplo sentido: de temporização — adiar — e de espacialização — não ser idêntico, ser outro, discernível. Em terceiro lugar, neste *a* que não se ouve estaria a *origem*, grafada na cadeia de significantes, não sujeita ao *logos*. Em decorrência disso, o caráter do signo inscrito é provisório, pois "diferindo a presença, só é pensável a partir da presença que ele difere e em vista da presença diferida que deseja re-apropriar"[82]. Ou seja, a diferença só se faz diferença, só tem existência, pela marca da presença. E essa presença tenta se reapropriar da própria diferença. Portanto, a diferença é o sinal da não-presença. A sutileza dessa percepção da *différance* nos permite compreender, com Derrida[83] e Kristeva, que

> *...o sentido (para 'exprimir') é já constituído por uma textura de diferenças, na medida em que já há um* texto, *uma rede de repercussões textuais de* outros *textos, uma transformação textual em que cada termo 'pretensamente'*

---

[81] DERRIDA, 1991b.

[82] SANTIAGO, S. **Desconstrução e descentramento**. Rio de Janeiro: Francisco Alves, 1976. p. 88.

[83] DERRIDA, [s.d], p. 19 e 42.

> *'simples' é marca de um outro, a presumida interioridade do sentido é já trabalhada pelo seu próprio exterior.*

É nessa perspectiva que Kristeva[84] relaciona a produção textual com a prática social e política, vendo naquilo que o texto representa ou significa não apenas o real, mas principalmente a sua mobilidade, a sua *transformação*. A historicidade da prática textual é feita de tipos de práticas significantes, cuja pluralidade elimina a possibilidade de uma origem e de um fim. O texto nos permite ler uma história estratificada, de temporalidade cortada, recursiva, dialética, irredutível a um único sentido. Afirma a autora:

> *Trabalhar a língua implica, necessariamente, em (sic) remontar ao próprio germe onde despontam o sentido e seu sujeito. É o mesmo que dizer que o 'produtor' da língua (Mallarmé) é obrigado a um nascimento permanente, ou melhor, que, às portas do nascimento, ele* explora *o que o precede. Sem ser uma 'criança' de Heráclito que se diverte com seu jogo, ele é este ancião que volta, antes de seu nascimento, para mostrar àqueles que falam, que eles são falados. Mergulhado na língua, o 'texto' é, por conseguinte, o que ela tem de mais estranho: aquilo que a questiona, aquilo que a transforma, aquilo que a desloca de seu inconsciente e do automatismo de seu desenvolvimento habitual.*[85]

A matéria da língua, transformada, está impregnada da relação das forças sociais da cena histórica. Por isso,

> *...o texto se liga — se lê — duplamente em relação ao real: à língua (alterada e transformada) e à sociedade (com cuja transformação ele se* harmoniza*). (...) O texto está pois, duplamente orientado: para o sistema significante no qual se produz (a língua e a linguagem de uma época e de uma sociedade precisa) e para o processo social do qual participa enquanto discurso*[86].

Há no discurso necessariamente um resto não formulado que a linguagem deixa na sombra, algo não dito que dorme na palavra. Ao pulverizar-se numa infinidade diferenciada e ao ser engendrado pelo exterior em

---

[84] KRISTEVA, J. **Introdução à semanálise.** São Paulo: Perspectiva, 1974.

[85] Ibid, p. 10.

[86] KRISTEVA, 1974, p. 12.

seu movimento material, o texto multiplica as marcas e os intervalos, cuja significância, descentrada e ilimitada, apresenta o remanejamento epistemológico, social e político que se realiza na história social. Assim é que a ciência, a ideologia e a política são atravessadas pelo discurso. Na pluralidade textual os diferentes discursos são confrontados, desdobrados, refundidos. É nessa pluralidade que se dá o trabalho da significância.

2.2 O *traço*, o *rastro*, o *sentido*: a inscrição de um desejo e de um saber na letra

Compreende-se na pluralidade textual o trabalho da significância buscando o sentido que a linguagem deixa na sombra. Isso faz da abordagem da leitura uma felicidade, na concepção borgeana, à qual se acrescentaria: uma felicidade difícil. Porque há na linguagem um enigma. Não se pode encontrar o sentido para esse enigma. Sendo falso enigma, essa busca consiste em distinguir os traços deixados por outros tantos sentidos que se diluíram em formações substitutivas ao longo da construção do sentido da experiência. Ou seja, não há um original de sentido pleno. Não há uma presença e um significado puros. Há traços, a partir dos quais é possível reconstituir algo. Assim, o sentido da experiência da escrita é reconstituído pela leitura, cuja construção de *per se* já modifica, deforma, desloca o sentido daquela experiência. Por isso, o trabalho de *construção* implica o de *desconstrução*. Instância de prazer e angústia, a escrita reflete e denuncia simultaneamente a promessa do objeto escondido sob sua sombra e sempre inapreensível, e o vazio da página em branco, da ausência desse objeto, do vazio na rede de signos que o constitui como jogo de presença/ausência.

A escrita, objeto e procura, traça indefinidamente o percurso que por sua vez leva à sua transformação, constituindo-se e transformando-se a si própria num processo interminável de autodescoberta e de autodestruição. Como auto-referência e sob o signo da transformação, a escrita faz e refaz os sentidos de um universo que em si mesmo nada pode reter. Sob a égide da cultura e condicionada à própria historicidade, a escrita ontologicamente se inscreve no mundo como um processo de mutação. Dada a sua opacidade e a ausência de correspondência entre palavra e realidade, os sentidos se rarefazem. O mundo reenvia à palavra o seu próprio movimento. Assim, a vida é composta da matéria verbal. Atuando sempre nos limites do dizível, quer-se essa escrita sempre *travessia* entre mundos, coisas e relações que jamais se fecham e que a faz movimentar-se ininterruptamente entre o que se quer e o que se pode e se deixa representar.

Há, em relação a esse movimento e à pluralidade da linguagem, um *alhures* que está *dentro*. Esse alhures é o *texto*[87]. O texto tem, então, estatuto de enunciação. E como os sentidos são sensualmente produzidos, como confirma a própria escrita barthesiana, é a significância que abre o percurso erótico do texto.

Nesse espaço aberto à multiplicidade e à simultaneidade dos sentidos, o leitor deixa-se infinita e incansavelmente atravessar pelas linguagens, não decodificando, mas sobrecodificando, não decifrando, mas produzindo. O leitor é, ele próprio, essa travessia. Falar de uma semiologia da leitura seria necessariamente falar, como afirma Barthes[88], de uma

> *Ciência do Inesgotamento, do Deslocamento infinito (...); a leitura seria, em suma, a* hemorragia *permanente por que a estrutura —paciente e utilmente descrita pela Análise estrutural— desmoronaria, abrir-se-ia, perder-se-ia conforme neste ponto a todo sistema lógico que* definitivamente *nada pode fechar — deixando intacto aquilo a que se deve chamar movimento do sujeito e da história: a leitura seria o lugar onde a estrutura se descontrola.*

Adotando o tema da *travessia* como metáfora do que ocorre quando se lê um texto e configurando o leitor como **viajante**, reconhece-se que é preciso discorrer sobre a transformação no instante mesmo em que refletir sobre os sentidos já faz deles outro sentido, em que o que até então era já não é e não será jamais, em que dizer isto significa que já não é mais aquilo, pois o que foi pressentido nos escapa, embora também nos dê a direção. Como num jogo de máscaras, o artífice já não sabe mais qual é o objeto representado, de tal forma as camadas de significação se justapõem, se so-

---

[87] BARTHES, 1988.

[88] BARTHES, 1988, p. 52.

brepõem e apresentam sempre sucessivamente uma forma nova de se ver o que antes fora o objeto desse olhar.

Pressentida, mas também fugidia, a palavra vai insidiosamente organizando novas configurações do mundo a partir de um jogo pelo qual "o escritor repete, desvia, trai e ficcionaliza o que lê, com o intuito deliberado de decepcionar o leitor"[89]. O real não existe, posto que dizê-lo é já simbolizá-lo transformando-o em discurso. Segundo Calvino, a escrita adquire corporeidade a partir de toda essa oferta incomensurável do próprio mundo: toda a matéria viva e todo o microcosmo que forma a rede complexa da vida que permanentemente se refaz e se renova, as impressões e sensações que os fatos físicos e os acontecimentos sociais nos causam, as relações, as associações, as mitologias, os sonhos e tudo o mais que reflete a contínua expansão do mundo, suas manifestações multiformes, sua mudança e a necessidade que temos de capturá-lo e simbolizá-lo, constituindo-nos a nós mesmos nesse processo.

Conhecer o protagonista duplo — porque se divide em Leitor e Leitora — que Calvino tece fio a fio em seu romance, e cujo olhar ele ilumina para nos guiar em um percurso que é seu e simultaneamente também é nosso, nos arrebata e multiplica as sensações em cada uma de nossas particularíssimas experiências da leitura. Ao mesmo tempo que são compartilhadas, essas sensações e experiências manifestam toda a sua irredutibilidade às comparações, às analogias e às tentativas de se dar uma ordem ao que nesse romance aparece, à maneira romanesca tradicional, como sentimento, expectativa, desejo e promessa de interpretação de mundos possíveis.

O mundo não-escrito, apresentado com rigor de detalhe, articula-se à pulverulência e à multiplicidade que conceitualmente e discursivamente caracterizam a narrativa de Calvino. O escritor não dá respostas. Apenas instiga tantos leitores quantos, à maneira do Leitor ou da Leitora-personagem, se propõem à aventura e à busca de algo que se lhes acena no romance: ora "*itinerários de raciocínios e fantasias*" ora "*surpresas e iluminações*"[90] ao

[89] MIRANDA, W. M. A liberdade do pastiche. **34 letras**. Rio de Janeiro, v. 3, p. 172-177, mar. 1989.

[90] CALVINO, 1998, p. 257.

longo das linhas escritas; a emoção e a descoberta a cada releitura, assim como a compreensão da complexidade e da unidade das coisas. Busca-se, afinal, a própria promessa.

Essa aventura passa a ser empreendida do ponto que muitos considerariam como de chegada: o apêndice ao romance, pelo qual a resposta de Calvino à resenha do crítico Ângelo Guglielmi nos é apresentada. Ora concordando, ora discordando daquela crítica, Calvino confirma aquilo que seria um seu modo estilístico de proceder: justamente uma identidade no estilo e na relação com o mundo, deixando advir dessa relação "os ecos de memória de tantos livros lidos" que se adensam naturalmente[91].

Ao contrário do que muitos tentaram fazer, ao procurarem em sua obra possíveis modelos ou fontes, o autor afirma jamais haver pensado em certos autores, a cuja obra a sua fora associada. É possível, então, relacionar a noção de intertextualidade, tal como vem sendo contemporaneamente discutida a partir dos estudos de Kristeva[92], com a própria produção ficcional moderna, cuja temática se alimenta de sua própria construção, e tem em Borges uma de suas referências basilares e ilustres. Cabe ao leitor decifrar o texto, não para identificar ou privilegiar a enunciação de um mestre, mas para compreendê-lo em sua polifonia e como decifração ele mesmo, além da ressonância de outros textos. A leitura reitera em abismo o próprio trabalho textual. Porque não é possível o sentido pleno, o enigma do texto constrói-se *en abîme* e incita uma interpretação, que o leitor, devorado pelo enigma, realiza buscando os *traços* deixados no tecido do texto.

Tal como um clássico que, segundo o próprio Calvino em suas definições do que é um clássico[93], "provoca incessantemente uma nuvem de discursos críticos sobre si, mas continuamente os repele para longe", pois que "um clássico é um livro que nunca terminou de dizer aquilo que tinha para dizer", seu romance resiste à nossa pretensão de o comentar e se faz irredutível, do ponto de vista da significação, às tentativas de analisar e dar uma ordem ao que parece ser um jogo estrategicamente construído para confundir e persuadir o leitor.

---

[91] CALVINO, 1999, p. 266.

[92] KRISTEVA, J. **O texto do romance**. Lisboa: Horizonte, 1984.

[93] CALVINO, 1993b, p. 12.

Mais que isso, pode-se dizer que há, deliberadamente, uma "*desordem geral*"[94] estruturalmente construída e justificada pela sucessão de romances interrompidos em seu momento culminante, os quais, sob essa forma inacabada, cumprem algumas funções. Primeiramente, refletir em seu próprio interior um procedimento literário determinado, o *romanesco*, cujas particularidades designam a importância do enredo para captar a atenção daquele fruidor natural do romance, segundo Calvino, o *leitor médio*, razão pela qual o autor o escolhe como protagonista para **Se um viajante numa noite de inverno**. Segundo, porque essa deliberação do autor para fazer romances interrompidos tem em si mesma a finalidade de representar a leitura de romances que se interrompem, pela qual o sentido de *inacabado* se desloca do que poderia ser presumido como inconcluso para a sugestão de algo "acabado cujo final está oculto ou ilegível". Esse *deslocamento* passa a ser a razão mesma do romance, tal como o autor afirma: "O fato de ter feito da interrupção do enredo o motivo estrutural de meu livro tem esse sentido preciso e circunscrito, e não toca à problemática do 'inacabado' na arte e na literatura, que é outra coisa".

Há nas próprias considerações do autor ao responder àquela crítica uma referência explícita ao gosto pela operação lógica, pela geometria (como estratégia discursiva) ou pelo jogo de xadrez, confirmada em **Se um viajante numa noite de inverno** e **Cidades invisíveis**, assim como em **Seis propostas para o próximo milênio**. Essa forma literária, que se inclui na caracterização do romance de nossa época, parece justamente se opor à idéia de ordem e previsibilidade, presentes na forma do *romanesco*, uma vez que as emoções são filtradas num clima mental de abstração, cuja rarefação transmite "o sentido de um mundo precário, a ponto de ruir, despedaçar-se"[95].

Ao enunciar pelo menos algumas das regras desse jogo, Calvino delineia seu itinerário na composição do romance, ao mostrar que escolhe dentre os *caminhos que se bifurcam* aqueles que a cada vez excluem outras alternativas possíveis em um catálogo de infinitas possibilidades. Com isso, *comunica* o sentido da multiplicidade, procedendo por cancelamentos su-

---

[94] CALVINO, 1999, p. 268.

[95] Ibid., p. 267.

cessivos de histórias que, sem terminar, se entrelaçam e se constituem na busca do *verdadeiro romance.*

Por meio de suas próprias palavras compreende-se que há "uma grade de percursos obrigatórios que é a verdadeira força motriz do livro" (p. 271). Dessa forma, o escritor explicita sua intenção consciente e constante em todos os livros anteriores, qual seja a de representar no ***Viajante*** o envolvimento do leitor comum num livro que nunca é o que ele espera. Aliás, ele refuta qualquer análise que subestime essa intenção no próprio jogo de sedução inscrito no texto: "Como inconscientemente? Se coloquei Leitor e Leitora no centro do livro, foi porque sabia o que estava fazendo" (p. 269). E continua, categoricamente:

> *O destinatário natural e fruidor do 'romanesco' é o 'leitor médio', que por isso escolhi como protagonista do 'Viajante'. Protagonista duplo, porque se divide em Leitor e Leitora. O primeiro não tem características nem gostos precisos: poderia ser leitor ocasional e eclético. A segunda é leitora por vocação, sabe explicar suas expectativas e suas repulsas (formuladas nos termos menos intelectualizados possíveis, embora — ou justamente por isso — a linguagem intelectual vá se desbotando irreparavelmente na fala cotidiana), sublimação da 'leitora média' mas bastante orgulhosa de seu papel social de leitora por paixão desinteressada.* ***Esse é um papel social em que acredito, o pressuposto de meu trabalho e não apenas desse livro*** (grifo meu)[96].

Se assim o autor expõe algumas premissas de seu trabalho e sua deliberada intenção de compor, na forma do romance, um romance que se autodesigne e uma personagem ambivalente, não podemos nós, leitores, justificados por essa ambivalência, perscrutar nessa alegoria um sentido de *romance verdadeiro* como procura inesgotável e como metamorfose? Um romance com características muito próprias daquilo que já se consagrou em Mallarmé como uma idéia de livro total? Ou, como Calvino mesmo observa[97] a respeito de Borges e de sua biblioteca imaginária ou real, não se confirmaria a idéia de que "...cada texto (...) duplica ou multiplica o próprio espaço através de outros livros", transformando-se numa *literatura po-*

[96] CALVINO, 1999, p. 269.

[97] CALVINO, 1993b, p. 249.

tencial, reveladora das possibilidades várias de uma escolha e de uma atitude em relação ao mundo?

Ligando o escrito ao vivido, não faz Calvino um inventário do que se poderia relacionar entre o mundo da literatura — cada provável *romance* em seu romance — e o mundo da experiência? Ou seja, não faz ele da palavra escrita uma realidade ontológica pela qual se reflete[98] a existência mesma das coisas do mundo? Impõe-se uma outra pergunta: "qual a função subjetiva destas narrativas romanescas que acompanham, formatam e/ou estruturam nossa existência?"[99]

Ao inscrever o *leitor médio* ou o leitor real no plano simbólico da configuração narrativa, o autor suspende a expectativa do que pode ser meramente lido para fazê-lo imiscuir-se simultaneamente na sensação e na reflexão de sua subjetividade ou de sua existência. Talvez porque sua existência como leitor esteja, de alguma forma, condicionada a tudo aquilo que é construído no romance e particularmente por esse romance. Ele próprio é, portanto, uma construção. A literatura gera o real.

Tal como Calvino fizera uma leitura dos clássicos, identificando neles a fusão e a multiplicação do mundo narrado e do mundo vivido, assim também podemos perceber em seu *Viajante* uma contigüidade universal: mundo e palavra se interpenetram e se potencializam. Ali as formas do escrever e do viver tanto quanto o pensamento e a imaginação reciprocamente se constituem e organizam um universo uno e plural: o livro. Citando Roberto Corrêa dos Santos[100], assim como o traço "impele ao mundo", "chama a vida" e "elabora novas racionalidades estéticas", "a imaginação gera um outro futuro das coisas".

---

[98] Deve-se levar em conta aqui a plurissignificação da palavra **refletir**, conforme o Novo Dicionário da Língua Portuguesa, de Aurélio Buarque de Holanda Ferreira: "*1. (...). 3. reproduzir a imagem de; espelhar, retratar. 4. Deixar ver; revelar, mostrar, traduzir. 5. Reproduzir, repercutir, repetir. (...) 8. Pensar maduramente; meditar, reflexionar. (...) 10. Fazer eco; recair, incidir. (...) 14. Transmitir-se, repercutir-se, comunicar-se*".

[99] KEHL, M. R. Nós, sujeitos literários. **Textura**: revista de psicanálise, v. 1, n. 1, p. 36, 2001.

[100] SANTOS, Roberto Corrêa. **Imaginação e traço**. Belo Horizonte: Edições 2 Luas, 2000. p. 17, 25-26.

Calvino[101] considera a imaginação "repertório do potencial, do hipotético, de tudo quanto não é, nem foi e talvez não seja, mas que poderia ter sido", de modo que, mesmo com sua lógica própria, "mais cedo ou mais tarde ela vai cair nas malhas de uma outra lógica imposta pelo raciocínio e a expressão verbal" . Ao tentar preservar valores como a *visibilidade* em **Seis propostas para o próximo milênio**, o autor ressalta "a capacidade de pôr em foco visões de olhos fechados, de fazer brotar cores e formas de um alinhamento de caracteres alfabéticos negros sobre uma página branca, de pensar por imagens".

"Provocando uma identificação entre a personagem do livro enquanto age sobre as outras personagens e o livro enquanto age sobre seus leitores"[102], o Leitor/a Leitora constrói em sua relação com o livro o que experimentamos realisticamente na vida como leitores, e a vida do leitor real toma a forma narrada no livro. Com isso, Calvino não só empreende uma tarefa à semelhança de Dante, Borges ou Mallarmé (que tanto o inspiraram), ao executar uma operação vertiginosa de metaliteratura. Ele se torna a si próprio um clássico. O *Viajante* preserva, em sua constituição plural eivada de fantasia e razão, o universo simbólico que capta e restitui ao leitor o seu desejo: o desejo multifacetado e inalienável à sua condição. Explicita-se esse desejo. E o percurso que o leva permanentemente a transformar-se, realimentando-o, é o do próprio livro que, ao expô-lo, evidencia que a vida é composta da matéria verbal.

A narrativa tem uma função. Dá consistência imaginária à vida dos homens, que dela dispõem para dar sentido à experiência e a si mesmos. Quando se narra, singulariza-se o desejo e se produzem efeitos de identificação pelos quais cada um pode se reconhecer e recriar sua vida. A respeito da importância da narrativa na contemporaneidade Kehl comenta[103]:

> *Fazer da vida comum algo digno de fábula é uma pretensão tipicamente moderna; mas é necessário também perguntar, num mundo que se desgarrou da certeza de pertencer a um plano divino ou mesmo a uma harmonia natu-*

[101] CALVINO, 1990b, p. 106.

[102] CALVINO, 1993b, p. 66.

[103] KEHL, 2001. p. 36.

ral asseguradora, que outro recurso teria o sujeito para se inserir no fluxo contínuo e errático de uma linguagem que já não reconhece paternidade, sem ser inteiramente engolido e pulverizado por ela. A literatura é sim um artifício, que toda comunidade letrada reconhece como artifício. Mas um artifício (...) que produz 'efeitos de verdade'. Se a linguagem, nas sociedades modernas, é um acervo comum, arbitrário, sem Deus nem pai que a sustentem de fora dela, o homem cava seu túnel narrativo por entre o caos dos significantes que remetem somente uns aos outros, tentando deter-se no tempo...

Kofman[104] cita Proust afirmando que o único livro verdadeiro já existe em cada um de nós e que o dever e a tarefa de um escritor são os de um tradutor. Essa tradução comunicaria o sentido da experiência, romperia a solidão das consciências e, com seu imprevisível traçado, incitaria à leitura como um ato de criação. Diz-nos o próprio Calvino[105]:

...exterioridade e interioridade, mundo e eu, experiência e fantasia aparecem compostos pela mesma matéria verbal; as visões polimorfas dos olhos e da alma acham-se contidas em linhas uniformes de caracteres minúsculos ou maiúsculos, de pontos, de vírgulas, de parênteses; páginas de signos alinhados densos como grãos de areia representam o espetáculo multicolorido do mundo, numa superfície sempre igual e sempre diversa, como as dunas impelidas pelo vento do deserto.

Nesse sentido, o ***Viajante*** se aproximaria da concepção idealista atribuída a Mallarmé e a Borges do Livro único e total, pela qual se revelaria a falta e o desejo de uma escrita infinita capaz de resultar num "texto único da verdade", nas palavras de Perrone-Moisés.[106] Referindo-se à crítica de Derrida ao que seria uma teologia da modernidade, essa autora reafirma o que é visto pelo filósofo francês como uma atitude metafísica no gosto pela simultaneidade ou coexistência de mundos. No entanto, é essa predileção pela simultaneidade que faz de Calvino um clássico, no sentido retórico

---

[104] KOFMAN, S. **A infância da arte**: uma interpretação da estética freudiana. Rio de Janeiro: Relume-Dumará, 1996.

[105] CALVINO, p. 1990b, p. 114.

[106] PERRONE-MOISÉS, L. **Altas literaturas**: escolha e valor na obra crítica de escritores modernos. São Paulo: Companhia das Letras, 1998.

que lhe confere a tradição, e, ao mesmo tempo, o inscreve num círculo de "escritores-críticos"[107] da modernidade, cuja proposta estética e existencial é suficientemente arrojada para romper com os estereótipos de um passado literário baseado em idéias de representação e expressão.

Aproximando a literatura da experiência comum, em que não mais interessa o autor nem exclusivamente a obra, escapando à escrita linear que põe o enredo no centro dos interesses da leitura, Calvino propõe uma releitura infinita dos clássicos, presentificando-os, e redispõe o fenômeno da prática escritural segundo os interesses de um novo protagonista: o leitor. A ele interessa o leitor e a relação que se estabelece entre ele e a linguagem; mais que isso, interessa, nesse discurso fundador, a própria linguagem. Essa preocupação com a linguagem devolve ao interlocutor atento e curioso simultaneamente o mundo e a configuração de sua subjetividade. Primeiro porque, liberado da leitura linear, o sujeito que se inscreve no texto não é prévio, não está dado, mas se produz no próprio texto, sempre provisoriamente. Segundo porque, destituído de uma significação *a priori* determinante, o texto inaugura sempre uma nova perspectiva de ser lido, uma vez que nele se concentra aquilo que Octavio Paz[108] afirma ser, a respeito de Mallarmé, a abertura de uma significação infinita na escrita poética. Afirma ele:

> *O mundo não é um conjunto de coisas mas de signos: o que chamamos coisas são palavras (...). O texto do mundo não é um texto único: cada página é a tradução e a metamorfose de outra e assim sucessivamente. O mundo é a metáfora de uma metáfora. O mundo perde sua realidade e se converte em figura de linguagem. No centro da analogia há um vazio: a pluralidade de textos implica que não há um texto originário.*

O *Viajante*, de Calvino, se inscreve assim entre aquelas obras que se atualizam através da crítica delas mesmas, isto é, não tendo um centro fixo,

---

[107] Escritores-críticos: expressão utilizada por Leyla Perrone-Moisés para designar aqueles escritores do século XX em diante que acrescentaram à sua obra poética ou ficcional uma atividade ensaística de crítica literária, cujo exercício intensivo é uma característica da modernidade. Confira "retrato-falado" desses escritores críticos (Perrone-Moisés, 1999, p. 10).

[108] PAZ, O. **Signos em rotação.** São Paulo: Perspectiva, 1990. p. 287.

sua significação se condensa e se dispersa na *errância* da leitura. Os significados se dispersam e se contraem. Isso põe o texto em movimento e aquilo que se enuncia ao mesmo tempo se transforma numa constelação de signos, permanentemente em rotação.

Pela relação do leitor-protagonista com a linguagem, mais que isso, pela cintilância da própria linguagem, observa-se em Calvino, como leitor dos clássicos, a singularidade de seu olhar atento aos fenômenos da contemporaneidade, como se vê na relação mundo-escrita. Por exemplo, na análise de textos como ***Tirant lo Bla**nc* e ***Dom Quixote*** ou ***As Metamorfoses***, de Ovídio (dentre tantos outros), ele relaciona o "modo de designar os objetos (animados e inanimados) 'como diferentes combinações de um número relativamente pequeno de elementos fundamentais, simplicíssimos' à (...) unidade e parentesco de tudo aquilo que existe no mundo, coisas e seres vivos"[109]. Em outro ensaio, ele afirma: "não é mais o mito da cavalaria que conta, mas o valor do livro enquanto livro". Ou ainda quando comenta o fato de que Dom Quixote se recusa a distinguir entre os livros e a vida, construindo-se a si próprio por meio deles. Da mesma forma assevera:

> *O milênio que está para se encerrar foi o milênio do romance. Nos séculos XI, XII e XIII, os romances de cavalaria foram os primeiros livros profanos cuja difusão marcou profundamente a vida das pessoas comuns e não somente dos doutos. Dante é testemunho disso, falando-nos de Francesca, a primeira personagem da literatura mundial que vê sua vida mudada pela leitura dos romances, antes de Dom Quixote, antes de Emma Bovary.*

O *Viajante* de Calvino é o que ele próprio afirmaria sobre a **Chartreuse** de Stendhal: o romance que é muitos romances juntos. A cada "novo romance que se abre no romance"[110] se reconhece o romance que sempre se desejaria ler e que será tomado como referência para as leituras posteriores. Verifica-se, assim, no romance **Se um viajante numa noite de inverno** a *explosão da biblioteca*. Isso pressupõe ver a literatura como uma rede de relações em que se conciliam os traços deixados na cultura (diga-se, nos

---

[109] CALVINO, 1993b, p. 40.

[110] Ibid., p. 144.

discursos) e funda a própria noção de leitura do autor. Coerentemente com a *indecidibilidade* característica da escrita (ou dessa escrita particular), essa concepção percorre todo o texto, ao permitir que suas marcas simplesmente atravessem a linguagem de que é constituído o romance. Na verdade, o que se observa é recorrentemente a busca da própria linguagem como constitutiva de nossas experiências subjetivas e históricas. Essa constitutividade é regida, segundo Sollers[111], leitor de Mallarmé, pela preocupação com a natureza e o funcionamento da linguagem literária.

> *Esse desaparecimento do autor na escritura, que por outro lado o produz, ocorre em vista de uma leitura que não é qualquer. Ler (...) é uma prática, uma prática desesperada. É necessário primeiramente que o leitor, em vez de se deixar levar a representações, tenha acesso diretamente à linguagem do texto (e não a suas imagens, a suas "personagens"), é preciso que ele compreenda que o que ele lê, é ele (...) nessa multidão (e somente tornado possível por ela), o indivíduo que lê comunica-se com sua própria linguagem, reencontrada naquilo que ele lê.*

Encontra-se aí um dos *traços* que definem a escrita de Calvino: favorecer ao leitor o acesso direto à linguagem do texto. Ele se lê a si próprio enquanto se aventura em percorrer as trilhas que as combinações múltiplas da palavra escrita lhe oferecem. Há entre o leitor e a linguagem do texto uma relação mutuamente constitutiva que, transpondo as barreiras das idealizações, lhe faculta uma visão direta, ainda que transfigurada, das coisas. Ao mesmo tempo que o espetáculo do mundo é composto pela matéria verbal, enquanto lê, o leitor vai se produzindo como tal e se reencontrando nessa relação. Por esse *traço* se faz a *travessia* do romance. Constitui-se num *traço* justamente por manifestar-se indelével e constitutivamente – e, portanto, de forma diluída, disseminada – em toda a escrita de Calvino. É o que se observa, apenas para ilustrar, em "*A Aventura de um Leitor*", uma das histórias de **Os amores difíceis**[112], na qual o leitor (personagem do conto) se vê dividido entre a leitura de um livro e a leitura de tudo que está ao seu redor, cujos detalhes ele observa com rigor: a paisagem, a geografia,

---

[111] SOLLERS apud PERRONE-MOISÉS, 1999, p. 57-58.

[112] CALVINO, I. **Os amores difíceis**. São Paulo: Companhia das Letras, 1992.

suas próprias reações ao que vê, uma mulher. Dentre os vários textos que se dão a ler, e que o seduzem, ele descobre que "a página escrita lhe abria a verdadeira vida, profunda e apaixonante, e levantando os olhos encontrava uma casual mas aprazível aproximação de cores e sensações..." (p. 89). "O interesse pela ação sobrevivia (...) no prazer de ler" (p. 83) e "o mesmo olhar que percorria as linhas encontrava, cada vez que era para voltar ao começo, um pouquinho depois da margem da página, as pernas da veranista solitária" (p. 86). "Tudo estava calmo, só corria o fluxo da leitura, cuja paisagem imóvel lhe servia de moldura, e a senhora bronzeada se tornara parte necessária dessa paisagem" (p. 87). "Amedeo não sabia se a olhava fingindo que lia ou se lia fingindo que a olhava. Sentia interesse por uma e outra coisa".

Num outro conto de **Os amores difíceis**, se vê n' "*A aventura de um Poeta*" a inextricável rede que encerra o mundo, vivido e nomeado, confundindo o que é ou o que existe com o que se pode (ou não) dizer. A realidade das coisas não é mais real que a palavra que a designa. E vice-versa. Nessa dualidade se angustia o poeta: sua vida e sua escrita estão eivadas da paixão e da perfeição do mundo, indefinível e irrepresentável e, porque "todo silêncio consiste na rede de rumores miúdos que o envolve" (p.123), a ele

> ... *ocorriam palavras e palavras, cerradas, embaralhadas umas por sobre as outras, sem espaço entre as linhas, até que pouco a pouco não se distinguiam mais, era um emaranhado de que iam sumindo até as mínimas frestas brancas, e restava só o negro, o negro mais total, impenetrável, desesperado como um berro* (p.129).

Tratar-se-ia do rumor da língua, de que fala Barthes? Ou do nada mais absoluto, do vazio do sentido de que fala Blanchot? Como se vê, a leitura, quaisquer que sejam as definições que modernamente se lhe atribuam, é sempre, repetindo Sollers[113], "uma prática, uma prática desesperada", pela qual, sem buscar na literatura a representação ou a expressão, "...o sujeito não é prévio mas se produz no próprio texto, em instâncias proviso-

[113] SOLLERS apud PERRONE-MOISÉS, 1999, p. 57-8.

rias e não especulares". Essa nova prática, que se chamaria "*escritura*", obriga a uma nova leitura que redisponha o passado literário segundo uma outra economia. Mudar a escrita, de "literatura" para "escritura", implica "mudar o sistema de leitura"[114].

Revelando-se um hábil e engenhoso contador de histórias, Calvino explica o engendramento do mundo da narrativa enquanto desenrola e trança o fio do discurso- narrativa que faz gerar através de sucessivas combinações, associações e permutas, histórias, matrizes de novas histórias, que se multiplicam em outras tantas histórias e assim sucessivamente. Como o primeiro contador da tribo, que espera da experimentação das palavras que lhe são devolvidas combinar sempre diferentemente palavras, personagens, ações e objetos, e formar arabescos que configurem situações e mundos plausíveis de serem narrados e, portanto, verossímeis, Calvino explora as possibilidades contidas na própria linguagem, dispõe de seus elementos associativos, relaciona imagens e idéias a constelações de signos, faz correspondências entre palavras e coisas, multiplica os poderes narrativos e coloca em cena uma *história das histórias.*

Ao fazer da narrativa um objeto de investigação, Calvino constrói uma metanarrativa através da qual ficção e ensaio se confundem pelo entrecruzamento de seus procedimentos e estratégias discursivos. No fluxo do discurso-narrativa, cada palavra permite novas designações e adquire novos valores na medida em que é utilizado um número sem fim de combinações, permutações e transformações dentro de um conjunto finito de elementos e de funções. O próprio Calvino[115] indaga:

> *Mas a literatura não é sempre subentendida pelo esforço de sair deste número finito? Não procura ela sempre dizer o que não sabe dizer, o que não pode dizer-se, o que ela não sabe, o que não se pode saber? Uma coisa não se sabe, enquanto as palavras e os conceitos para dizê-la e pensá-la não foram ainda utilizados nesta posição; não foram ainda dispostos nesta ordem, neste sentido. A batalha da literatura consiste precisamente neste esforço para sair dos limites da linguagem; ela se desenvolve sempre na borda extrema do dizível; é a exigência do que está fora do vocabulário que faz a literatura movimentar-se.*

---

[114] PERRONE-MOISÉS, 1999, p. 36.

[115] CALVINO, I. **Atualidade do mito**. São Paulo: Livraria Duas Cidades, 1977. p. 76.

Por meio da *busca de sentido* ou de *efeito* obtido em função de um mecanismo próprio desencadeado por uma das combinações e não por outras o *jogo combinatório* carrega-se de uma significação inesperada. Essa seria uma função primordial da literatura para que, contemporaneamente, histórias possam ainda ser contadas, de modo que se possa sempre "reavivar um fundo de angústia insepulta, como última condição de verdade..." [116].

[116] CALVINO, 1997, p. 76.

Capítulo 3

Leitura e interpretação

Pensar a leitura implica compreender o texto como um "campo de saber que possui redes, vasos comunicantes que 'transmitem' sentimentos, idéias, perspectivas, comportamentos", cuja discursividade, múltipla e diversa, funda novas subjetividades[117]. Exige compreender o processo de regulação entre seus elementos em interação com o leitor a fim de acompanhar, pelos seus passos, a dinâmica de seu traçado e a liberdade de sua tessitura. Mais que isso, a reflexão sobre a leitura aponta a verdade lúdica feita de associações e regulações, cuja lógica o leitor desenvolve em luta contínua com a força explosiva do texto. Para o texto funcionar, o leitor é explicitamente interpelado.

Assim, se o discurso-narrativa se constrói como jogo combinatório, tão ao gosto de Calvino, pela leitura se participa desse jogo ao se associar o texto a outras idéias e imagens e a outros discursos. A leitura gera outras significações: dispersa, dissemina. Ao se ler, produz-se um suplemento de sentido. As regras desse jogo, como afirma Barthes[118], "vêm de uma lógica milenar da narrativa, de uma forma simbólica que nos constitui antes do nascimento, desse imenso espaço cultural de que a nossa pessoa (de autor, de leitor) não é mais do que uma passagem." É da instância do discurso que se trata. O leitor é, então, ele próprio, como já se disse, uma *travessia*. Como afirma Bakhtin[119], há uma "renovação ilimitada do sentido em qualquer contexto novo. A pequena temporalidade (a contemporaneidade, o passado imediato e o futuro previsível — desejado) e a grande temporalidade: o diálogo infinito e inacabável em que nenhum sentido morre."

---

[117] Idéias e conceitos apresentados pelo professor Roberto Corrêa dos Santos em curso ministrado no Mestrado em Estudos Literários do PPGL/UFES de agosto a dezembro de 2000.

[118] BARTHES, 1988, p. 42.

[119] BAKHTIN, 1992, p. 412-3.

Logo, o sentido é sempre produzido entre lugares. Sensível às nuances sociais, históricas, políticas, afetivas, o sentido está ligado à noção nietzscheana de *força* pela qual as várias vozes que compõem um enunciado, um texto, entram em tensão. Por isso, o sentido só se produz no discurso, nessa forma simbólica que nos constitui. O mundo, ao ser representado, pensado, é recortado e, portanto, transformado em discurso. E o sentido, expulso da realidade em questão, está sempre para ser construído e interpretado.

Lugar privilegiado para a multivocidade, a leitura interroga, joga com o enigma dos sentidos sempre a se produzir e sobre eles incide. Uma vez ainda Bakhtin[120]:

> *Não há uma palavra que seja a primeira ou a última, e não há limites para o contexto dialógico (este se perde num passado ilimitado e num futuro ilimitado). Mesmo os sentidos passados, aqueles que nasceram do diálogo com os séculos passados, nunca estão estabilizados (encerrados, acabados de uma vez por todas). Sempre se modificarão (renovando-se) no desenrolar do diálogo subseqüente, futuro. Em cada um dos pontos do diálogo que se desenrola, existe uma multiplicidade inumerável, ilimitada de sentidos esquecidos, porém, num determinado ponto, no desenrolar do diálogo, ao sabor de sua evolução, eles serão rememorados e renascerão numa forma renovada (num contexto novo). Não há nada morto de maneira absoluta. Todo sentido festejará um dia seu renascimento.*

Esse *jogo* é, pois, um trabalho. Um trabalho que constitui a condição mesma de possibilidade da leitura e da escrita. Pela leitura, atualiza-se o texto. Por isso se pode ver no meta-romance a possibilidade de reinvenção do romance. O romance é a forma mesma. A obra vive de sua própria substância. Como metadiscurso, a crítica é ela mesma *escritura.*

Ler requer fazer "*trânsitos*" — passar de um valor a outro, de um princípio a outro, de uma idéia a outra — com liberdade, aliar o sistema lógico-estrutural à deriva, deixando-se o leitor afetar-se pelos afetos (mundo das afecções) para poder produzir[121]. Barthes[122] (1988) comenta essa

---

[120] BAKHTIN, 1992, p. 413-4.

[121] Cf. nota 117.

[122] BARTHES, 1988.

natureza produtiva da leitura, atribuindo-lhe tanto quanto à escrita um caráter e uma ética, pelos quais se faz a transmissão de um saber, pelos quais se compartilham histórica e socialmente saberes. Ao comentar[123] o "texto escrevível" de que trata em S/Z — "esse texto que escrevemos em nós quando lemos" — diz que o "texto–leitura" é "simplesmente um texto, esse texto que escrevemos em nossa cabeça quando a levantamos" e que "é muito mal conhecido porque faz séculos que nos interessamos demasiadamente pelo autor e nada pelo leitor".

Ao se redefinir, com novas e importantes contribuições [124] nas últimas décadas, o lugar do leitor na produção do texto, faz-se uma revisão na tradição dos estudos sobre estética e se redimensiona seu caráter. A *poiesis*, atividade até então reivindicada exclusivamente como distintiva e restrita ao ato *criador* do artista, passa a ser também associada à leitura. Reconhece-se, a partir de então , que o leitor age.

Ao traçar perfis de leitor que literariamente corroboram essa perspectiva, Flávio Martins Carneiro[125] amplia e enriquece esse debate ao defender sua tese de que "a idéia de conferir ao leitor o lugar da inventividade recoloca a questão deixada em aberto por Foucault". Com isso evidencia as possibilidades — e a necessidade — de uma conceitualização teórica da *função leitor*. Tratar-se-ia de uma suplementação teórica à idéia de dissolução do autor. Pensando no cruzamento dessas diferentes funções — autor e leitor — e lembrando que "somos formados por uma multiplicidade de objetos e sujeitos, que escrevemos e lemos tanto quanto somos escritos e lidos"[125], diz ele:

> *Propor tal elaboração não significa partir do pressuposto de que, no lugar da figura destronada do autor da obra, coroaríamos simplesmente seu leitor. O esfacelamento do sujeito implica também o do leitor, e é nesse sentido que pode ser entendida a crítica de Foucault ao ato de interpretar. O lugar daquele que lê é também um lugar de sujeito. E se este lugar é agora um entrelugar, de onde estaria ele falando, que autoridade teria para dar significado a um texto?*[125].

---

[123] BARTHES, 1988, p. 41.

[124] Confira a teoria da Estética da Recepção fundada por Hans Robert Jauss e Wolfgang Iser: *A Literatura e o leitor: textos de estética da recepção. Rio Janeiro: Paz e Terra, 1979.*

[125] CARNEIRO, Flávio Martins. **Entre o cristal e a chama**: ensaios sobre o leitor. Rio de Janeiro. 1996. Tese (Doutorado) – Pontifícia Universidade Católica do Rio de Janeiro. Rio de Janeiro, 1996. p. 32 e 33.

Pode-se, então, à maneira nietzscheana, considerar-se a leitura o limiar de uma experiência em que algo do prazer do pensamento é antecipado. Há alegria nas incertezas de uma tal experiência. Há, para Nietzsche[126], na incerteza e na incompletude a eficácia do que pode ser feito por quem observa, por quem continua elaborando, incitado pelo pensamento, "o que lhe aparece tão fortemente lavrado em luz e sombra". Nesse sentido, o que deve ser admirado é não só a atividade completa e consumada do *gênio* ou do artista, mas toda complexa atividade humana e todo pensamento que está em devir. Ler adquire, cada vez mais, essa dimensão de um saber que está permanentemente em devir. Sua existência está condicionada à sua pluralidade e precariedade. Por isso, pelo desenvolvimento das forças que se manifesta no texto por meio da leitura e porque não se pode ter a verdade jamais — pois "*no texto só há inscrições* — ,

> *só há possibilidades de interpretação. Várias. Que se transformam, que incidem umas sobre as outras. Interpretar é fundamentalmente suspeitar. Quanto mais possibilidades de interpretação o leitor imprime nas metáforas que tem diante de si mais elas vão formando outras. Há um refinamento da interpretação. E para Nietzsche, o começo e o fim da interpretação é o intérprete".*[127]

Ler, portanto, equivale a interpretar. E interpretar é uma força afirmativa que imprime à existência processos de *transvaloração*[128], pelos quais a vida se renova num movimento crítico instaurador de novas atitudes e de novas subjetividades. Interpretar motiva a agir, a gerar outras interpretações; propõe novas direções. Nietzsche[129] atribui ao movimento e à ação do conhecimento e das convicções esse caráter afirmativo da *transvaloração*:

> *Para todo escritor é sempre uma surpresa o fato de que o livro tenha uma vida própria, quando se desprende dele; é como se parte de um inseto se destacasse*

---

[126] NIETZSCHE, A. **Humano, demasiado humano:** um livro para espíritos livres. São Paulo: Companhia das Letras, 2000. p. 132.

[127] Palavras proferidas pelo Professor Roberto Corrêa dos Santos no Curso de Semiologia oferecido pelo Mestrado em Estudos Literários do PPGL/UFES, dez. 2000.

[128] Idem.

[129] NIETZSCHE, 2000, p. 140.

e tomasse um caminho próprio. Talvez ele se esqueça do livro quase totalmente, talvez ele se eleve acima das opiniões que nele registrou, talvez até não o compreenda mais, e tenha perdido as asas em que voava ao concebê-lo: enquanto isso o livro busca seus leitores, inflama vidas, alegra, assusta, engendra novas obras, torna-se a alma de projetos e ações — em suma: vive como um ser dotado de espírito e alma, e contudo não é humano. (...) Se considerarmos que toda ação de um homem, não apenas um livro, de alguma maneira vai ocasionar outras ações, decisões e pensamentos, que tudo o que ocorre se liga indissoluvelmente ao que vai ocorrer, perceberemos a verdadeira ***imortalidade****, que é a do movimento: o que uma vez se moveu está encerrado e eternizado na cadeia total do que existe, como um inseto no âmbar".*

Faz-se necessário refletir sobre o ato de interpretar como potência de criação. Porque a interpretação acolhe, exercita-se, prossegue, risca, combate. A interpretação interroga. Filtrada pela imaginação e pela sensibilidade, recompõe materiais históricos, sociais, sensoriais, põe em movimento a experiência estética — inteligência e arte. Recria, pelas filigranas dos sentidos que se entretecem, o trabalho da escrita.

3.1 Astúcia e suspeita nas interpretações da interpretação

Ao definir a interpretação como um ato consciente da mente que elucida um determinado código, Sontag[130] critica a tradição ocidental de reflexão sobre a arte, segundo a qual a arte é vista como mimese ou representação. Ela seria responsável pela dicotomia instaurada pelo trabalho tradicional de interpretação, que separa *forma* e *conteúdo* e enfatiza a idéia do conteúdo como essencial numa obra de arte, em detrimento da forma, que seria acessória. Há na estética tradicional um aprisionamento à concepção metafísica que separa a *forma* do *conteúdo* assim como a inteligência da sensibilidade, como se se desse a compreensão de um sem o outro, como se o prazer excluísse a compreensão. Não se leva em conta que a própria

---

[130] SONTAG, S. **Contra a interpretação.** Porto Alegre: L&PM, 1987.

inteligência é uma forma de prazer. A interpretação clássica da arte, ao edificar um mundo fantasmagórico de *significados*, subjuga a arte ao intelecto, esvazia o mundo e envenena nossa sensibilidade. Não se percebe que o original é já e sempre cultural, e que o sentido, do que quer que seja, é constituído.

Procurando na crítica uma qualidade libertadora anti-simbólica, que não usurpe à obra de arte seu lugar, Sontag aponta como necessária uma maior atenção à *forma* na arte. É preciso deixar a *forma* falar e revelar a superfície sensual da arte. A interpretação pressupõe a experiência sensorial da obra de arte. Por isso, "em vez de uma hermenêutica, precisamos de uma erótica da arte". Já que "a transparência é o valor mais alto e mais liberador da arte — e da crítica — hoje. Transparência significa luminosidade da coisa em si, das coisas que são o que são"[131].

Por esse valor da transparência, a forma na arte ganha materialidade, adquire uma força edênica que a torna uma realidade palpável. Essa força, capaz de criar espessuras encantatórias, produz uma "sensação de universo" pela qual "as nossas sensações estão de certo modo ligadas umas às outras, não se esgotam na pura percepção nem se circunscrevem ao mero conceito..."[132]. Desfeita a oposição profundidade e superfície, que analogamente seria a separação do espírito e do corpo da metafísica socrática, "na forma, a força efetiva-se, torna-se soberana, irradia" e faz prevalecer "a beleza plástica das superfícies"[133]

Sontag[134] realiza uma crítica à cultura e às condições da vida moderna, que se afirmam pelo excesso e pela superprodução com a conseqüente perda da acuidade de nossa experiência sensorial. A autora propõe, a partir de uma concepção que delimite as fronteiras entre arte e pensamento ou arte e cultura, que recuperemos nossos sentidos e que, aprendendo a ver mais, ouvir mais e sentir mais, sejamos capazes de reduzir o conteúdo para que possamos ver a coisa em si. Que não se queira, pois, a profundidade

---

[131] SONTAG, 1987, p. 22.

[132] VALÉRY, P. **A alma e a dança e outros diálogos**. Rio de Janeiro: Imago, 1996. p. 11-2.

[133] SANTOS, R.C. **Para uma teoria da interpretação:** semiologia e interdisciplinaridade. Rio de Janeiro: Forense Universitária, 1989. p. 160.

[134] SONTAG, 1987.

que, em sua estranheza e invisibilidade, não se entrega senão dissimulando-se na superfície da obra. No seio da dissimulação, a obra aborda aquele ponto em que nada se revela e em que o olhar, capturado, é posto em contato com a aparência.

Sem pretender legislar sobre a arte ou julgá-la segundo uma verdade, a filosofia não mais reduz a obra de arte ao prazer que ela nos dá, nem ao conteúdo ideológico de um objeto cultural. Deixando de considerar a arte um objeto de especulação metafísica, a filosofia busca nela as referências de nossa existência ou de nossa relação com o mundo. A obra de arte é, antes de tudo, "unidade indissolúvel do sentido e do sensível".[135] O mundo *criado* pela obra de arte nos é revelado, tornado presente e intensificado por ela. Sua dupla propriedade de se revelar a si mesma e de revelar o próprio mundo nos faz ver, sempre de uma maneira nova, o cotidiano. Ela se mostra a si mesma como corpo e, simultaneamente, mostra o mundo, imanência e transcendência.

Concebida como corpo e como verdade da existência encarnada que inspira o artista, a arte revela nossa secreta e corpórea dependência com as coisas do mundo, e essa revelação consiste num jogo de presença e ausência, de visível e invisível, que se manifesta duplamente tanto naquilo que é visto como naquele que vê. As obras de arte devem se tornar, pelo trabalho de interpretação, cada vez mais reais para nós. Não deve mais interessar à crítica o que uma obra de arte significa, mas sim o que ela é e como ela é. Sendo uma experiência, a obra de arte não "*diz*" sobre alguma coisa: ela *é* alguma coisa. Esse ser sempre se refere ao mundo, mas o que o distingue como fenômeno artístico é o fato de que "o conhecimento que adquirimos pela arte é uma experiência da forma ou do estilo de conhecer algo, e não o conhecimento de algo (...) em si".[136] O fato de ser uma experiência aproxima a obra de arte da pessoa. Há uma cumplicidade entre a arte e o sujeito que tem a experiência. Para Blanchot[137],

---

[135] HAAR, M. **L'ouvre d'art: essai sur l'ontologie des ouvres.** Paris: Hatier, 1994. p. 8.

[136] SONTAG, 1987, p. 32.

[137] BLANCHOT, M. **O espaço literário.** Rio de Janeiro: Rocco, 1987.

ver supõe a distância, a decisão separadora, o poder de não estar em contato... Ver significa que essa separação tornou-se, porém, reencontro (...) Quando o que é visto impõe-se ao olhar, como se este fosse capturado, tocado, posto em contato com a aparência? ...o olhar é atraído, arrastado e absorvido num movimento imóvel e para um fundo sem profundidade. O que nos é dado por um contato a distância é a imagem, e o fascínio é a paixão da imagem.

Essa particular visão da interação da obra de arte com o sujeito, ou, no caso da literatura, do texto com o leitor, aproxima essa concepção de crítica dos estudos semiológicos desenvolvidos por Umberto Eco[138] e da teoria sobre o efeito estético, de Wolfgang Iser[139], uma vez que ambos levam em conta o leitor e suas condições subjetivas, histórico-sociais e culturais no reconhecimento e na apreensão da experiência. Mas levar em conta o leitor e reconhecer que a interpretação é potencialmente ilimitada não impedem que Eco[140] pretenda estabelecer critérios para limitar a interpretação. Segundo esse autor, "...entre a intenção do autor (..) e a intenção do intérprete (...) existe uma terceira possibilidade. Existe a intenção do texto".

Referindo-se à intencionalidade, Sontag[141] salienta que o julgamento estético não pode estar ligado à preocupação com o conteúdo humano da obra de arte, uma vez que a ligação entre arte e moral não concerne ao prazer moral de aprovar ou desaprovar certos atos, mas sim à capacidade da arte de realizar a gratificação da consciência. O que define de fato nossa capacidade de escolha moral e estimula nossa disposição a agir é a sensibilidade. Segundo Sontag[142] :

A arte desempenha esta tarefa 'moral', porque as qualidades intrínsecas à experiência estética (imparcialidade, contemplatividade, atenção, o despertar dos sentimentos) e ao objeto estético (graça, inteligência, expressividade, energia, sensualidade) também são elementos fundamentais de uma reação moral à vida.

---

138 ECO, U. **Interpretação e superinterpretação.** São Paulo: Martins Fontes, 1993.

139 ISER, W. **O ato de leitura:** uma teoria do efeito estético. São Paulo: Ed. 34, 1996.

140 ECO, 1993, p. 29.

141 SONTAG, 1987.

142 Ibid., p. 36.

A autora defende a autonomia da obra de arte. Isso quer dizer que a obra de arte não precisa necessariamente *significar* nada. O que não quer dizer que o efeito ou a função da arte dissocie o elemento ético do estético. O estatuto da representação e o do afeto não podem ser compreendidos independentemente um do outro. Arte e sentimentos são percebidos em sua singularidade e pressupõem uma atitude para com o mundo e uma postura particular da consciência, que transcendem o julgamento e se traduzem pelo conceito de vontade, de acordo com a visão nietzscheana. Efetua-se pela experiência da arte uma conversão do olhar. Tornada objeto, a obra de arte faz esquecer seu disfarce necessário e seu objetivo de seduzir e de proporcionar certos efeitos de afeto. A arte submete-se ao princípio do prazer.

Distinguindo-se dos objetos de uso em geral pelo seu estilo, a obra de arte distancia-se da realidade vivida e realiza um movimento que, ao contrário de afastar o sujeito do mundo, dele o aproxima. A arte possibilita, pelo distanciamento, pela artificialidade e pelo estilo, a superação ou a transcendência do mundo. Essa transcendência do mundo é uma forma de enfrentá-lo pelo exercício da *vontade*. Sontag considera a arte como um modo de representação estilizada, desumanizada. De forma semelhante, Deleuze & Guattari[143] referem-se à obra de arte como um ser de sensação, cuja existência excede o vivido e vale por si mesma, e argumentam que a criação se faz necessariamente pelo estilo — a sintaxe de um escritor, os ritmos de um músico, os traços e as cores de um pintor — pelo qual se dá ao acontecimento a possibilidade de sua própria conservação. Celebra-se não o acontecido ou o vivido, mas o ser de sensações. Esses filósofos consideram que a arte é a única coisa no mundo que conserva, ao mesmo tempo que se conserva, e que os blocos de sensações responsáveis pelo ato de criação são devires. Sugerem eles:

Em geral, qual o grande escritor que não soube criar esses seres de sensação que conservam em si a hora de um dia, o grau do calor de um momento (as colinas de Faulkner, a estepe de Tolstoi ou a de Tchekov)? O percepto é a

[143] DELEUZE, G.; GUATTARI, F. **O que é a filosofia.** Rio de Janeiro: Ed. 34, 1992.

paisagem anterior ao homem, na ausência do homem. Mas em todos estes casos, por que dizer isso, já que a paisagem não é independente das supostas percepções dos personagens, e, por seu intermédio, das percepções e lembranças do autor? (p. 219).

Ao se referirem aos devires não humanos do homem, pelos quais ultrapassamos o estar no mundo, tornando-nos com o mundo, transformando-nos ao contemplá-lo, os filósofos citam os comentários de Cézanne[144]: "Há um minuto do mundo que passa", não o conservaremos sem "nos transformarmos nele". Este seria o enigma do "homem ausente, mas inteiro na paisagem". Por isso, tudo é visão, tudo é devir. Paisagens e rostos, visões e devires formam compostos de sensações que, num romance, os personagens experimentam eles mesmos ou fazem experimentar, de modo a fazer mostrar, através da fenda ou do abalo, o acontecimento ou a loucura. Trata-se da força ou das forças do fenômeno estético e do estilo que, ao recriar a vida, libera-a lá onde ela é prisioneira. Como linguagem das sensações, a arte cria e atravessa o finito a fim de restituir ao homem o infinito, o qual é traçado pelo devir sensível, que não pára de significar e de revelar. Como afirmam Deleuze & Guattari[145]:

> O escritor se serve de palavras, mas criando uma sintaxe que as introduz na sensação, e que faz gaguejar a língua corrente, ou tremer, ou gritar, ou mesmo cantar: é o estilo, o 'tom', a linguagem das sensações ou a língua estrangeira na língua, a que solicita um povo por vir... (...) O escritor torce a linguagem, fá-la vibrar, abraça-a, fende-a, para arrancar o percepto das percepções, o afecto das afecções, a sensação da opinião — visando, esperamos, esse povo que ainda não existe.

Dessa maneira, sem dissociar forma de conteúdo, a crítica deve adotar uma posição teórica que contemple a

> *arte como objeto e como função, como artifício e como forma viva da consciência, como superação ou suplementação da realidade e como a explicitação*

---

[144] CÉZANNE apud DELEUZE & GUATTARI, 1992, p. 220.

[145] DELEUZE & GUATTARI, 1992, p. 228.

> *de formas de encarar a realidade, como criação individual autônoma e como fenômeno histórico dependente*[146].

A arte deve ser vista como objetivação da vontade, do ponto de vista do artista, e como estimulação da vontade, do ponto de vista do espectador. Atribuindo à *vontade* a beleza plástica das superfícies, Santos[147] reafirma a concepção nietzscheana de que

> *interpretar significa a habilidade longamente construída de assenhorear-se do sentido, por vezes maleável, dobrando-o por um ato de violência, de modo a orientá-lo para certa direção, e, portanto, refigurá-lo: moldá-lo, oferecer-lhe uma forma (...) Cada força impressa sobre outra é a razão dos sentidos no tempo (...) Os sentidos estão disponíveis e trazem consigo as marcas de suas possibilidades formais. Ao intérprete cabe reconhecer, na superfície das coisas, o sinal de sua força (...) Interpretar é pois um ato de perspectiva e ao mesmo tempo uma disposição de impor direções.*

A interpretação é entrecortada das forças que a compõem e nesse jogo prevalece a *vontade*, através da qual algumas forças e não outras se afirmam e se estruturam. Se a *vontade* é o princípio de decisão numa obra de arte e se as possibilidades de interpretá-la são, pois, várias, o que a semiologia oferece, como campo de análise, é o jogo infinito das interpretações. A despeito mesmo de sua superação. A obra de arte, assim como o conceito[148], tem um estatuto: ser uma multiplicidade e uma superfície e estar sempre em estado de sobrevôo.

O estilo é, pois, entendido como forma e, como tal, como um projeto de impressão sensorial, cuja função mnemônica preserva do esquecimento as expressões de pensamento e as obras do espírito, como defende Valéry[149]. O estilo é, para o artista e para o espectador, uma interpretação do modo como percebemos o mundo e do que percebemos. O ato de interpretação é uma certa forma de exprimir o inexprimível. Conforme a

---

[146] SONTAG, 1987, p. 43.

[147] SANTOS, 1999, p. 58.

[148] Cf. DELEUZE & GUATTARI, 1992.

[149] VALÉRY apud DELEUZE & GUATTARI, 1992.

célebre afirmação nietzscheana, não há fatos; só há interpretações. Por isso, é preciso atribuir o devido valor aos silêncios da obra de arte, como elementos constitutivos da produção.

A exigência e a força da interpretação evidenciam-se pelo traço trabalhador de sentidos que se repetem e que se apagam, que nunca são percebidos, mas que permitem ler e que constroem o sentido da experiência. Trata-se da interpretação sendo feita a partir de traços. Numa leitura freudiana, "o traço é o que resta, modificado e arrancado de seu contexto de coisa que foi recalcada e negada"[150]. Coisa que retorna como sentido. Daí que dos silêncios da obra de arte e da interpretação resulte a sua multiplicidade.

Nessa perspectiva, a obra de arte, particularmente a obra literária, reflete a condição de indizibilidade da linguagem na medida em que ela não pode traduzir totalmente a consciência. Mas ao mesmo tempo ela constitui a possibilidade de transpor as barreiras do indizível e do inexprimível em busca da condição ideal da consciência e da arte. Nisso consiste a sua singularidade. Como prática, consiste de fragmentos e caracteriza-se pela incompletude. Numa visão trágica da arte, o artista luta para transcender a linguagem e, nesse esforço em que tudo é transformado em linguagem, redimensiona a relação entre arte e pensamento e produz metaliteratura.

Interessado nessa visão metalingüística da literatura, De Man[151] condena o exercício da crítica, que polariza interior e exterior, conteúdo e forma, e diz que a busca do significado referencial apenas inverte essas polaridades, uma vez que o significado interno se transformou na referência externa, e a forma externa se transformou na estrutura intrínseca. Ou seja, porque toda linguagem é metalinguagem, sentido figurado e sentido literal são incompatíveis. Daí o perigo da submissão do crítico à autoridade da referência, quando serve ao mesmo tempo à técnica da forma e à substância do significado. Como afirma o autor ,

> *...não é de se admirar que a reconciliação de forma e significado seja tão atraente. A atração de reconciliação é um meio de cultura propício aos falsos*

---

[150] KOFMAN, 1996, p. 80.

[151] DE MAN, P. **Alegorias da leitura**: linguagem figurativa em Rosseau, Nietzche, Rilke e Proust. Rio de Janeiro: Imago, 1996.

> *modelos e metáforas; é responsável pelo modelo metafórico da literatura como um tipo de caixa que separa um interior de um exterior, e do leitor ou crítico como a pessoa que abre a tampa a fim de libertar o que estava escondido dentro, mas era inacessível. Tem pouca importância se chamamos o interior da caixa de conteúdo ou de forma, e o exterior de sentido ou aparência. O debate recorrente que opõe a crítica intrínseca à extrínseca está sob a égide de uma metáfora de interior/exterior que nunca foi seriamente questionada*[152].

De Man[153] desenvolve esse debate, acentuando a distinção entre gramática e retórica, atribuindo a cada uma delas sua própria epistemologia. Para tal, enfatiza a noção de *différance* estabelecida por Nietzsche e Jacques Derrida. O autor realça a duplicidade de sentidos e a coexistência de leituras divergentes que se envolvem mutuamente num confronto direto. Não há prioridade de uma leitura sobre outra e, ao mesmo tempo, nenhuma delas pode existir na ausência da outra. Há uma duplicidade retórica que obscurece o significado referencial e, ao mesmo tempo, clama pela diferenciação que esconde. A retorização da gramática, como o autor denomina, acaba na indeterminação, numa incerteza suspensa que não permite escolher entre dois modos de leitura. Como afirma, "se uma das leituras é declarada verdadeira, sempre será possível desfazê-la por meio da outra"[154]. Essa duplicidade retórica ou simultaneidade paradoxal que desfaz oposições se efetiva pelo combate das forças. De Man[155] indaga:

> *O par gramática/retórica, certamente não uma oposição binária já que um elemento jamais exclui o outro, corrompe e confunde a nítida antítese do padrão interior/exterior. Podemos transferir esse esquema para o ato de leitura e interpretação. Lendo, atingimos, por assim dizer, o* **interior** *de um texto que a princípio era algo estranho para nós, e que agora fazemos nosso através de um ato de entendimento. Mas esse entendimento se torna imediatamente a representação de um significado extratextual (...). Nossa pergunta recorrente é se essa transformação é semanticamente controlada de acordo com linhas gramaticais ou retóricas. Será que a metáfora da leitura realmente*

---

152 DE MAN, 1996, p. 19.

153 Ibid.

154 Ibid., p. 95.

155 Ibid., p. 27-28.

une o significado externo e o entendimento interno, a ação e a reflexão, em uma única totalidade?

A crítica, ao buscar a redução das mistificações retóricas, opera como um processo de *desconstrução*. Nesse sentido, não há a clássica distinção entre autor e leitor, uma vez que a leitura só se realiza com os elementos lingüísticos fornecidos pelo próprio texto. A *desconstrução* não acrescenta nada ao texto; ela própria constitui o texto quando de sua produção. Um leitor rigoroso se aproxima do autor ao reconhecer que o texto literário simultaneamente afirma e nega a autoridade de seu próprio modo retórico. Para De Man[156], "a escritura poética é o modo mais avançado e refinado de desconstrução". Por isso, "a literatura, assim como a crítica — a diferença entre elas é ilusória — está condenada a (ou tem o privilégio de) ser para sempre a mais rigorosa e, conseqüentemente, a menos confiável de todas as formas da linguagem em termos da qual o homem se nomeia e se transforma"[157].

No âmbito da cultura, a *desconstrução* altera a visão do processo temporal e cria *descontinuidades*, que rompem com a linearidade da história e com a suposta transparência dos sentidos. Ao situar o problema da interpretação numa perspectiva interdisciplinar e múltipla, Santos[158] convida o leitor (e aí inclui-se a crítica) à atividade do olhar, pela qual os sentidos sejam ativados, e não fixados, tal como acontece na escritura do mundo. Assim, não há sentido, mas sentidos, assim como não há saber, mas saberes. Libertada de uma concepção metafísica da essência, a verdade não pode ser conhecida nem tampouco descrita. Esses saberes e esses sentidos se constituem na relação que se estabelece entre aquele que lê (o sujeito) e aquilo que se oferece à leitura (o objeto). A leitura consiste exatamente nas transformações, subjetivas e culturais, resultantes da atividade dos saberes e do *deslizamento* dos sentidos. Atividade provisória, é verdade, mas sempre plural. E una, a despeito de sua diversidade. A busca de identidade de um determinado campo do saber não recusa a multiplicidade do seu objeto. A

---

[156] DE MAN, 1996, p. 33.

[157] Ibid., p. 35.

[158] SANTOS, 1989.

interpretação é constitutiva do sujeito e do sentido. Há nessa constituição um efeito metafórico carregado de historicidade responsável pelo deslize do sentido que, como afirma Orlandi[159], é o lugar da interpretação. Segundo a pesquisadora,

> *é nesse lugar em que se produz o deslize de sentidos enquanto efeito metafórico, onde língua e História se ligam pelo equívoco (materialmente determinado), que se define o trabalho ideológico, em outras palavras, o trabalho da interpretação. Como, paralelamente, este efeito, ao constituir o sentido, constitui o sujeito, podemos dizer que a metáfora também está na base da constituição do sujeito, na perspectiva do histórico, do equívoco, da relação língua/ discurso*[160].

Então, quanto mais se busca no objeto ou na obra de arte a sua singularidade, tanto mais se nos depara a realidade complexa e multifacetada que a constitui. É como ver a infinitude do universo *caleidoscopicamente.* Como num caleidoscópio, cada mudança de ângulo, cada perspectiva, cada nuance, cada forma transforma nosso ponto de vista, filtra nossa visão de mundo e multiplica nossa cosmovisão. Cabe ao intérprete reconhecer no objeto o sinal da força de um sentido e a direção que esse sentido impõe ativamente no campo das interpretações.

A interpretação, "por envolver tonalidades de forças e por operar com a diferença (...) desdobra-se em contrastantes direções, aproximando, por choques, textos (forças também) de constituição não idêntica..."[161]. "Interpretar será perseguir os modos por que os signos se intercambiam, se alteram, se permitem ver em metamorfose"[162].

O desafio da crítica é perceber as imbricações entre eloqüência e estilo, e a permanente transformação do texto em outro texto, pelo processo constantemente metafórico das designações dos seres e do sujeito. Em suas considerações sobre a retórica e a genealogia vistas por Nietzsche, De Man[163]

---

[159] ORLANDI, E. A. **A linguagem e seu funcionamento**: as formas do discurso. São Paulo: Brasiliense, 1983.

[160] Ibid., p. 48.

[161] SANTOS, 1989, p. 14.

[162] SANTOS, 1999, p. 161.

[163] DE MAN, 1996.

demonstra que, ao buscarmos a verdade, não escapamos da ilusão, inclusive da ilusão do eu. Há uma relação entre retórica e erro, que reforça a noção nietzscheana de que a história do homem e a virtude moral se originam de mentiras. Ao perguntar o que é a verdade, Nietzsche[164] afirma que ela é:

> *Um batalhão em movimento de metáforas, metonímias e antropomorfismos, em resumo, um compêndio das relações humanas que estão sendo poética ou retoricamente sublimadas, transpostas e embelezadas até que, depois de um uso prolongado e repetido, um povo as considera como sólidas, canônicas e inevitáveis. As verdades são ilusões cuja natureza ilusória foi esquecida, metáforas que foram desgastadas e perderam sua efígie, e agora operam como simples metal, e não mais como moedas.*

Há uma "necessária subversão da verdade pela retórica como uma característica particular de toda linguagem"[165]. A interpretação errônea da realidade se repete sistematicamente ao longo de toda a tradição, baseada na estrutura retórica da linguagem. Isso significa que nenhuma pretensão à verdade subsiste a uma leitura acurada e lenta e que, assim como a linguagem é sempre enganosa, a verdade é inatingível. Do ponto de vista literário, o texto é a encenação do que nele há de incompatível entre forma e conteúdo, entre sentido figurado e sentido literal. Então, é o próprio texto que se denuncia, que se desconstrói. Toda linguagem é, nessa concepção, metalinguagem, e cada obra, na verdade, se lê a si mesma.

Contrariamente a esta concepção que traduz um projeto de desconstrução do texto e da leitura, Eco[166] considera que, nessa perspectiva, a interpretação é indefinida, inexaurível e capaz de aceitar uma interminável oscilação ou deslocamento do significado. Pretendendo estabelecer critérios que limitem a interpretação, ele vê nesse processo uma superinterpretação, atribuindo a ela um "excesso de assombro"[167]. Ao buscar na história da filosofia os fundamentos de sua argumentação, o

---

[164] NIETZSCHE apud DE MAN, 1996, p. 133.

[165] DE MAN, 1996, 133.

[166] ECO, 1993.

[167] iBID., 1993, p. 146.

semioticista alude ao hermetismo do século II e à negação do princípio de identidade e ao de não-contradição como raízes do pensamento que critica, e, ao fazê-lo, de certa forma reforça a noção retórica da linguagem e o caráter essencialmente metafórico do texto. Eis como ele se refere à busca da verdade nos livros pelos racionalistas gregos:

> *É possível muitas coisas serem verdadeiras ao mesmo tempo, mesmo que se contradigam. Mas, se os livros falam a verdade, mesmo quando se contradizem, então cada uma de suas palavras deve ser uma alusão, uma alegoria. Estão dizendo algo diferente do que parecem dizer. Cada um deles contém uma mensagem que nenhum deles jamais será capaz de revelar sozinho*[168].

Nesse afirmativo combate das interpretações, no entanto, De Man[169] demonstra o abismo que há entre texto e verdade, entre texto e ação, afirmando ser impossível a conciliação entre realidade e verbo. Contrário, assim como Sontag[170], às tendências sociologizantes ou psicologizantes na interpretação da literatura, o autor aponta as impossibilidades do texto e a ilegibilidade da obra graças ao caráter astuto e fugidio da linguagem, e defende uma visão trágica e antiestética da literatura, segundo a qual toda unificação entre poesia e realidade é falsa, toda pretensão de harmonia entre palavras e coisas é vã e tudo é ficção, poesia. O desafio da crítica, repetimos, seria fazer minar as *mentiras* afirmadas no texto, desconstruindo-as por meio de afirmações contidas no próprio texto.

A rigorosa e devastadora leitura que De Man faz das alegorias da leitura encontra suporte filosófico em Nietzsche, para quem a tradicional concepção científica sempre calcada na dualidade metafísica é substituída pela correlação entre fenômeno e sentido. E o sentido de alguma coisa, na interpretação da filosofia de Nietzsche, citado por Deleuze[171], depende da "força que se apropria da coisa que a explora, que dela se apodera ou nela se exprime". Daí que toda força é sempre apropriação ou dominação de uma quantidade de realidade. Nesse sentido, um fenômeno é sempre um signo,

---

168 ECO, 1993, p. 35.

169 DE MAN, 1996.

170 SONTAG, 1987.

171 DELEUZE, G. **Nietzsche e a filosofia**. Rio de Janeiro: Ed. Rio, 1976.

"um sintoma que encontra seu sentido numa força atual"[172]. Por isso, para Nietzsche[173], a filosofia constitui-se numa sintomatologia, numa semiologia. Um fenômeno muda de sentido conforme a coexistência e a sucessão das forças que lutam para se apoderar da coisa mesma que constitui aquele fenômeno. Por isso, a história é a variação dos sentidos e o discurso se produz por causa de e segundo essa variação.

Numa perspectiva freudiana, "toda representação é substitutiva de uma ausência originária de sentido; sempre se é remetido de substituto a substituto, sem que jamais se atinja um significado originário, somente o que é fantasiado pelo desejo"[174]. A erótica do texto se explica pois pelo fato de que toda percepção (do autor, do leitor) é pré-investida de desejo.

Segundo Deleuze[175], "o sentido é então uma noção complexa: há sempre uma pluralidade de sentidos — uma constelação, um complexo de sucessões, mas também de coexistências — que faz da interpretação uma arte". Nietzsche[176] sugere a pluralidade silenciosa dos sentidos que há nos pequenos acontecimentos. Não existe um pensamento ou um fenômeno cujo sentido não seja múltiplo. Perceber que as coisas têm vários sentidos e que cada coisa é simultaneamente *isto e depois aquilo* pode ser, de acordo com Deleuze[177],

> *... a mais alta conquista da filosofia (...). Pois a avaliação disto e daquilo, a delicada pesagem das coisas e dos sentidos de cada uma, a avaliação das forças que definem a cada instante os aspectos de uma coisa e de suas relações com as outras, tudo isto (ou tudo aquilo) pertence à arte mais elevada da filosofia, a da interpretação. Interpretar, e mesmo avaliar, é pesar. A noção de essência não se perde aí, mas ganha uma nova significação: pois nem todos os sentidos se equivalem. Uma coisa tem tantos sentidos quantas forem as forças capazes de se apoderar dela.*

---

[172] DELEUZE, 1976, p. 3.

[173] NIETZSCHE, 1992.

[174] KOFMAN, 1996, p. 91.

[175] DELEUZE, 1976, p. 3.

[176] NIETZSCHE, 2000.

[177] DELEUZE, 1976, p. 3-4.

As forças, para sobreviverem, tomam emprestada a aparência de forças precedentes contra as quais luta, e se multiplicam em máscaras. Cabe ao genealogista, ou ao filósofo, desvelar essas máscaras que recobrem os múltiplos sentidos. Para Deleuze[178], "a arte de interpretar deve ser também uma arte de romper as máscaras e de descobrir quem se mascara e porque, e com que sentido se conserva uma máscara remodelando-a". Como trabalho de desconstrução, a interpretação se efetua em *mise-en-abîme*, reenviando-se de construção a construção, sem se esgotar, sem nunca atingir um texto originário inexistente.

Cabe à genealogia interpretar e avaliar a progressão do sentido do valor, explicitando que o sentido de alguma coisa pressupõe a relação desta coisa com a força que se apodera dela, e que o valor de alguma coisa se define pela hierarquia das forças que se exprimem no fenômeno complexo. Ou seja, na luta entre forças que dominam ou que se subjugam exprime-se o elemento diferencial da força, que é a vontade. Essa diferença na origem, expressa pela vontade, a hierarquia, é o fato originário a ser interpretado.

Há na diferença a alegria de sua afirmação. Como elemento de afirmação e de gozo, a diferença se apresenta em Nietzsche[179] como substituto da negação, da oposição ou da contradição. Para afirmar sua diferença, a *vontade* (força ativa) não nega a outra força ou aquilo que ela não é. Daí o caráter decididamente antidialético da filosofia de Nietzsche. Para o filósofo, "a diferença é o objeto de uma afirmação prática inseparável da essência e constitutiva da existência"[180]. A eficácia do sentimento empírico da diferença é que proporciona, na interpretação da hierarquia, a revolução conceitual.

Perguntar-se se a existência tem um sentido é, para Nietzsche, a mais importante questão da filosofia, porque levanta ao mesmo tempo o problema da interpretação e da avaliação. O problema do sentido da existência se situa entre a ideologia cristã e o pensamento trágico, e faz pensar fundamentalmente sobre o que é a justiça. Sua obra interroga a necessidade dos

---

[178] DELEUZE, 1976, p. 4.

[179] NIETZSCHE, 1992.

[180] NIETZSCHE apud DELEUZE, 1976, p. 7.

homens e da filosofia de um deus para interpretar a existência. E é justamente a inspiração cristã, segundo o filósofo, que compromete a filosofia inteira. Para ele, todos os homens produtivos têm no instinto uma força afirmativa e criadora, enquanto a consciência se revela uma força crítica e negativa. Ao contrário, na visão socrática, a consciência é que é criadora. Essa concepção funda uma oposição básica entre vida e idéia, de modo que aquela sempre se subjugue à idéia. Então, a existência será por séculos interpretada de maneira inaudita do ponto de vista da consciência infeliz, indiscutivelmente culpada e exaurida nas dobras de suas profundezas. O sofrimento da existência passa a ser justificado, e até legitimado, pela sua divinização[181, 182, 183].

Assentada na história da humanidade, no curso dos séculos, e inscrita em toda a história da metafísica, da psicologia e da moral, a culpa se recobre de e se transmuta em ressentimento, justifica a negação da vida, e se instaura como uma piedosa interpretação da existência. O *ressentimento* (referência à culpa do outro) e a *má consciência* (referência e assunção da própria culpa) são categorias fundamentais do pensamento judaico-cristão responsáveis pela nossa maneira de pensar, sentir e agir e de interpretar a existência em geral. O desafio a que Nietzsche se propõe é uma *transvaloração* (tentativa de estabelecer valores que avaliem valores), de modo que possa surgir no Ocidente um novo ideal, uma nova interpretação, uma outra maneira de pensar. Tomando a existência como um fenômeno estético, a afirmação do ser está em seu devir, porque *o ser não é, tudo está em devir.* Deleuze[184] assim interpreta o pensamento nietzscheano:

> *O múltiplo é a manifestação inseparável, a metamorfose essencial, o sintoma constante do único. O múltiplo é a afirmação do um, o devir, a afirmação do ser. A afirmação do devir é, ela própria, o um; a afirmação múltipla é a maneira pela qual o um se afirma (...).* ***Tornar a vir é o ser do que devém.*** *Tornar a vir é o ser do próprio devir, o ser que se afirma no devir. O eterno retorno como lei do devir, como justiça e como ser.*

---

181 NIETZSCHE, 1992.

182 NIETZSCHE, 2000.

183 NIETZSCHE, [s.d.].

184 DELEUZE, 1976, p. 19.

A afirmação do um e do múltiplo e do devir faz da vida um *jogo*. Desse jogo participam diferentemente o jogador, o artista e a criança. Reconhece-se no instinto do jogo, que possibilita ao participante a criação de novos mundos, a partir da afirmação da necessidade e do acaso, o ser do devir, o *eterno retorno*. Há uma justificação estética da existência, cuja afirmação se encontra no *jogo*, na multiplicidade dos sentidos e das interpretações e na positividade e alegria do pensamento trágico, contrariamente ao niilismo, característico do pensamento metafísico e da história do homem e das ciências. As principais formas do niilismo — o ressentimento, a má consciência e o ideal ascético — envolvem uma maneira de pensar que opõe o conhecimento à vida para julgar a vida, para fazer dela algo culpado, responsável e errado. Por isso, a filosofia nietzscheana consiste na retificação do próprio princípio genealógico, numa *transmutação* para uma nova maneira de pensar, traduzida por tudo aquilo que afirma a vida e a vontade da vida.

Ao se referir à luta das forças entre si, diferenciando-as e qualificando-as segundo sua quantidade e sua qualidade, e ao reconhecer na vontade de poder o elemento genealógico da força e, portanto, o princípio responsável pela produção da diferença entre duas ou várias forças que se supõem em relação, Nietzsche[185] problematiza a interpretação como uma capacidade de estimar, num fenômeno ou num acontecimento, a qualidade da força que lhe dá um sentido.

Para medir a relação das forças é preciso perguntar: *"Quem interpreta?"* É o próprio filósofo quem responde: "é a vontade de poder que interpreta"[186]. Para ele, "interpretar é determinar a força que dá um sentido à coisa. Avaliar é determinar a vontade de poder que dá um valor à coisa". A significação e os sentidos derivam da *vontade de poder*. Para Nietzsche[187], o *espírito livre* é quem realiza o trabalho de interpretação, quando julga as forças do ponto de vista de sua origem e de sua qualidade. Por isso, a *vontade de poder* é essencialmente criadora. Deleuze[188] traz a interpretação para o campo específico da linguagem.

---

[185] NIETZSCHE apud DELEUZE, 1976.

[186] Ibid., p. 44.

[187] Ibid., 1976.

[188] DELEUZE, 1976, p. 61.

> *A filosofia ativa de Nietzsche só tem um princípio: um termo só quer dizer alguma coisa na medida em que aquele que o diz* ***quer*** *alguma coisa ao dizê-lo. E uma só regra: tratar a palavra como uma atividade real, colocar-se do ponto de vista de quem fala. (...) A transformação do sentido de um termo significa que um outro (uma outra força e uma outra vontade) dele se apodera, aplica-o a outra coisa porque quer algo diferente.*

Considerando o *espírito livre* o caráter fundador da interpretação e compreendendo que a palavra sempre traduz uma *vontade*, convém indagar, diante do belo, de que ponto de vista as coisas aparecem como belas. Ou como elas apareceriam se observadas de outro ponto de vista. O que determina que algo se torne belo? Uma interpretação que leve em conta a pluralidade da arte deve considerar que há sempre uma coordenação de força e de vontade em cada caso, em cada fenômeno estético. O sentido e o valor de um fenômeno ou de um objeto estão na sua essência e a essência de uma coisa é descoberta na força que a possui e que nela se exprime.

A busca do objeto ou de sua representação, traduzida pela pergunta *o quê?*, deve ser substituída por *quem?*, que traduz a vontade: *quem* interpreta, *quem* avalia, *quem* quer. Querer é criar e a vontade quer a qualidade do poder de afirmação. Como afirma Deleuze[189], "o elemento criador do sentido e dos valores define-se necessariamente também como o elemento *crítico*". E como o próprio Deleuze propõe, referindo-se à análise que Nietzsche faz das forças reativas como obstáculos à arte da interpretação, "o que é a crítica e em que sentido a filosofia é uma crítica"?[190]

Ao analisar as falsas pretensões à verdade assim como a própria verdade e a verdade como ideal, Nietzsche[191] vê a interpretação como um trabalho de arqueologia e, em suas escavações, critica aquilo que a história do homem construiu e sedimentou em sucessivas e indestrutíveis camadas: o conhecimento relacionado à verdade, a moral relacionada ao bem e a religião ao divino. Estes seriam valores superiores à vida.

A esse respeito Deleuze[192] comenta: "Os limites que o conhecimento racional fixa para a vida são os mesmos que a vida racional fixa para o

---

189 DELEUZE, 1976, p. 70.

190 Ibid., p. 71.

191 NIETZSCHE, 1992.

192 DELEUZE, 1976, p. 83.

pensamento; a vida é submetida ao conhecimento ao mesmo tempo que o pensamento é submetido à vida".

Ao invés de o conhecimento subordinar-se à vida, é a vida que é julgada e submetida ao conhecimento racional. É preciso inverter essa equação, de modo que a vida ultrapasse os limites fixados pelo conhecimento e o pensamento ultrapasse os limites impostos pela vida. A afinidade entre vida e pensamento se exprimiria como algo ativo e afirmativo e isso constituiria a essência da arte. O que a filosofia crítica de Nietzsche propõe é que, em lugar de um conhecimento que se opõe à vida, se instaure um pensamento que afirme a vida. Não sendo uma operação desinteressada, a arte seria "estimulante da vontade de poder", "excitante do querer"[193]. Daí Nietzsche exigir uma estética da criação, cujo poder de mentir, enganar, dissimular, ofuscar, seduzir, sem no entanto sublimar, é a única força capaz de conferir à verdade uma nova significação. Não sendo a negação do real nesse mundo, verdade é aparência; e a criação estética, novas possibilidades de vida.

Ao lado de Marx e Freud, Nietzsche cria uma *ciência do sentido*. O filósofo suspeita das ilusões da consciência e, juntamente com os outros dois mestres da suspeita, continua pela astúcia da decifração. A uma hermenêutica como recolhimento ou restauração do sentido opõe-se aquilo que Ricoeur[194] chama de *"a escola da suspeita"* ou *"a invenção de uma arte de interpretar"*.

3.2 Texto e leitor: escrita como *jogo* e trabalho de *transformação* dos sentidos

Há nos processos históricos e na interação social descontinuidades e coexistência de diferenças. Pelo combate das forças constroem-se representações sociais que ligam o leitor à cultura. No espaço interdiscursivo de

---

[193] DELEUZE, 1976, p. 84.

[194] RICOEUR, P. **Da interpretação:** ensaio sobre Freud. Rio de Janeiro: Imago, 1997. p. 36-7.

constituição dos sentidos fundam-se universos e mentalidades. Aí residem a ambigüidade e a materialidade da linguagem.

O imaginário do leitor é constitutivo da escrita ao mesmo tempo em que é constituído por ela. Ao mesmo tempo que se inscreve no texto, o sujeito leitor se escreve. Então, o leitor tanto pode ser escrito quanto pode ser lido. Ou seja, há um leitor inscrito no texto que o autor evoca e com quem dialoga. Ao mesmo tempo se manifesta na escrita o leitor que o próprio autor é. Há um leitor implícito, ideal, cuja imagem, ao ser confirmada empiricamente pelo leitor real, pode transformar-se ela própria na figura do autor. As manifestações desse duplo gesto, dessa dupla escrita refletem em seu interior a imagem do leitor/autor e o processo que o constitui. Essa dupla configuração do leitor é construída nos interstícios da palavra escrita. Assim, a escrita é uma entidade de dupla face: o texto e o leitor mutuamente se constituem.

Assumindo o lugar do sujeito leitor como um entrelugar, para o qual ele tanto traz as marcas intersubjetivas de suas leituras como as projeta a partir de sempre novas relações de alteridade em sua experiência com cada texto, pode-se depreender que: a) leitura e escrita se interdependem, se interpenetram e, portanto, ler se equipara a escrever; e b) há uma atitude desejante no leitor, de modo que na relação leitor/autor ou leitor/texto o desejo do leitor é mediado pela função simbólica da escrita. Ou seja, pelo princípio que associa a linguagem à cultura e que revela a necessidade que o homem tem de simbolizar, há no leitor um desejo de escrita que aponta sempre para uma oscilação constante dos sentidos de um texto, para um deslizamento de sentidos, responsável, muitas vezes, pela alternância entre leitura e escrita como "lugares de origem da criação"[195].

Partindo do princípio de que todo texto é intertexto[196] e de que é preciso pensá-lo na sociedade e na história, é possível e mesmo necessário inferir que:

a) há um jogo que reproduz e muda os sentidos. Ou seja: no jogo em que as intersecções e os cruzamentos de enunciados se materializam e se

---

[195] CARNEIRO, Flávio. **Entre o cristal e a chama**: ensaios sobre o leitor. Rio de Janeiro: PUC/RJ. 1996, p. 52.

[196] KRISTEVA, J. **Introdução à semanálise**. São Paulo: Perspectiva, 1974.

organizam num dado texto produz-se a historicidade dos sentidos, a qual incide sobre o processo de significação desse texto, sendo responsável ao mesmo tempo pela permanência e pela duplicidade dos sentidos, pela simultaneidade do mesmo e do outro, pela reprodução e pela diferença que se instalam, em última instância, no próprio funcionamento da escrita.

b) Uma função semiológica que tome o texto como um espaço constitutivo de um sentido novo a partir da mudança e modificação de vários enunciados tomados de outros textos provavelmente levará em conta a *transformação* dos enunciados, e, portanto, o surgimento da *différance* justamente no âmbito da *escrita.*

Esse trajeto do sentido só é possível na instância do discurso e a própria organização da narrativa ficcional o pressupõe, na medida em que, tendo o romance suas leis estruturais, é também, e principalmente, um processo de mutação. Sabe-se com Kristeva[197] que a especificidade da estrutura do romance é justamente a de ser uma estrutura de *transformação*. Seu princípio basilar é o da ausência de uma correspondência biunívoca entre significado e significante, o que efetua uma transformação de significantes. Por isso o romance, mais que contar uma história, instrui, faz saber.

É, pois, no cruzamento de vários tipos de discurso que a narrativa de Calvino se reconstitui como tal e se auto-referencia, e remete o leitor a uma narrativa de sua leitura. Isso ocorre no momento mesmo em que se inscreve como leitor daquele livro que lhe conta, afinal, a sua própria história.

O princípio da transformação se relaciona à condição de iterabilidade do signo, de que nos fala Derrida[198], uma vez que a constituição de uma cadeia de significantes e sua conseqüente transformação dizem respeito às múltiplas possibilidades da unidade significante se repetir e se articular com outras unidades significantes. Em outras palavras, transforma porque repete, ou, ao repetir, transforma, ressignificando o já dito numa nova ordem: a do funcionamento discursivo.

A história do romance está intimamente relacionada à passagem do símbolo ao signo, pela qual historicamente se manifesta a mudança do dis-

---

[197] KRISTEVA, J. **O texto do romance**. Lisboa: Horizonte, 1984.

[198] DERRIDA, 1991b.

curso e o ideologema do signo, expressão utilizada por Kristeva[199] para designar a função intertextual encontrada nos vários níveis da estrutura de cada texto visto na sociedade e na história. Com essa passagem do símbolo ao signo, a unidade significante, que já não mais nos remete para a *idéia,* como o símbolo, "opacifica-se, identifica-se consigo própria, 'materializa-se' (...) e com isso se acentua 'a sua possibilidade de articulação com outras unidades significantes'", por vezes a ela opostas. Substitui-se, então, a estrutura simbólica, que é monovalente, 'por uma estrutura heterovalente, perturbada, dupla'"[200].

Ao operar com nomes (signos) e não mais com conceitos (símbolos), o romance, a despeito da permanência de seu caráter teológico, instaura a discursividade indispensável à manifestação independente de uma idéia extrínseca à sua ordem de existência. Isso é o que o caracteriza como um processo de mutação. Essa discursividade não prescinde do aspecto metafísico do símbolo, mas, assimilando-o, se produz na articulação do signo consigo próprio, como uma máquina, cuja capacidade de combinar, repetir e reordenar produza gradualmente um trajeto infinito feito de possibilidades e desvios. Trata-se de uma prática segundo a qual os signos se articulam como um "encadeamento metonímico de desvios que significa uma criação gradual de metáforas", pelas quais se tem "a ilusão de uma estrutura aberta, impossível de terminar, de final arbitrário"[201].

Construindo a narrativa ficcional deliberadamente como um *jogo,* Calvino programa os desvios em seu romance como parte mesma da estrutura narrativa, na medida em que esses desvios se constituirão justamente como articulação dos vários romances no romance, em cujo interior o leitor é capturado. Nesse romance que é muitos, que se desdobra para se multiplicar, os desvios produzem ilusão de abertura na narrativa, quando remete o leitor real para o seu interior e o confunde com o leitor personagem, fazendo-o ler-se enquanto lê. Da mesma forma, essa ilusão é produzida pela metanarrativa, que metaforiza o romance para dele se nutrir, se expandir e gerar novas surpresas.

---

199 KRISTEVA, 1984.

200 Ibid., p. 31.

201 KRISTEVA, 1984, p. 35.

Com essa atuação por desvios, característica do romance e da própria escrita como deriva de significações, Calvino ressignifica o discurso contemporâneo, ao fundir crítica e criação e ao flagrar a ambivalência inscrita em todos os níveis e em todas as instâncias da discursividade. O escritor evidencia que a ambivalência está na natureza mesma do signo e em sua capacidade de (se) remeter sempre para outra coisa, que está alhures, e com isso, de se transformar. No interior da própria escrita se apresentam o nascimento, a morte e o renascimento da literatura.

Logo, o romance como estrutura oscila de uma necessidade de identidade do *querer dizer*, que satisfaz à exigência de verossimilhança e que responde ao princípio de equivalência de significados inerente ao modo de pensamento logocêntrico, à compreensão de que esse mesmo discurso engendra um deslizamento de sentidos. Para Kristeva[202], essa oscilação exige um outro nível de análise, qual seja o nível da produtividade textual.

Engendrado, como narrativa, como uma certa história do romance e do leitor, o romance de Calvino manifesta essa oscilação, essa ambivalência, quando, dentre outras coisas, o autor toma a palavra e transtorna a noção de autoria, atribuindo a si a propriedade do discurso que parecera ceder a outrem, no caso ao narrador-personagem-autor Calvino. Morre como autor para viver como personagem. O romance, como fato literário, extingue a fala e instaura, como texto cultural, uma concepção da escrita como trabalho e nisso consiste a produtividade textual. Nesse jogo de espelhamento, apaga-se o autor e ressurge a linguagem. Nesse ressurgimento, quem aparece é o leitor, cuja subjetividade é reinscrita numa nova ordem em que ler pressupõe traduzir: traduzir traindo. Ou transformar. Ou reescrever. No *Viajante* o autor morre para dar vida ao narrador no romance, por meio de quem se intensifica o jogo com o leitor. Nesse jogo, o leitor não é um mero consumidor, mas um produtor do texto[203].

As redes de significação são múltiplas e permitem ao leitor diversas entradas, sem que haja primazia para nenhuma delas. Nesse jogo o leitor desloca sistemas significantes, nomeia e renomeia, produz esquecimentos e retornos, faz o texto funcionar. Em seu trabalho de aproximação em devenir

---

202 KRISTEVA, 1984, p. 35.

203 BARTHES, s.d.

dos sentidos do texto — e vale aqui lembrar que o sentido é uma força — em que "tudo significa sem cessar e várias vezes", o leitor dinamiza esse jogo, "que consiste no retorno do diferente", encontrando no texto, o mesmo texto, a sua pluralidade[204]. Nessa perspectiva, ainda segundo Barthes[205], "quanto mais plural é o texto, menos está escrito antes que (sic) o leia" .

Ler, nesse caso, produz um efeito lúdico: se lê e se relê não para encontrar um significado, o significado último, mas para fazer multiplicar os significantes. Por isso, esse desaparecimento, esse *fading* das vozes, como afirma Barthes[206], é que faz cintilar a linguagem como tal e é o que permite apreciar o plural de um texto. Diz o autor: "Quanto mais difícil situar a origem da enunciação, mais plural é o texto. No texto moderno, as vozes são tratadas até a negação de qualquer localização: o discurso, ou melhor, a linguagem fala, e é tudo"[207]. O que o leitor faz, a despeito de qualquer pretensa intenção de comunicação, é implicar-se no texto, tornando-se cúmplice, não de um ou outro personagem, mas do próprio discurso.

O discurso do romance tem, pois, o estatuto de ser o campo transformacional do signo por excelência. Segundo Kristeva[208] todo o sistema do signo, incluindo a semântica, todo o *sentido* é a coexistência de uma verificação lógica (da qual depende a comunicação) e de uma transformação retórica, que escapa ao sentido lógico sem, no entanto, o destruir. Essa coexistência de sentidos se deve justamente à função não-disjuntiva do romance, pela qual a oposição binária é pensada como uma reciprocidade (que não comporta a negação da dialética) e introduz a figura da finta, da ambivalência, do duplo. A não-disjunção determina o ideologema do romance. O duplo, a irredutibilidade de um termo a outro, é a condição mesma do romance.

A transformação romanesca na verdade nada modifica, uma vez que, no romance, o autor não se transforma em ator; é *também* um ator, no

---

204 BARTHES, S.D., p. 45 e 50.

205 Ibid., p. 43.

206 Ibid.

207 Ibid., p. 73.

208 KRISTEVA, 1984.

sentido que lhe dá Kristeva[209]. Da mesma forma, o leitor não se transforma em autor; é *também* autor. Como afirma a autora,

> *pretendendo um desenvolvimento (significante) e visando uma finalidade (significado), a estrutura romanesca (a estrutura do signo) não produz 'de novo', antes se reproduz a SI PRÓPRIA, transformando-se numa variação daquilo que já foi designado como o 'arbitrário' do signo (a distância entre o significante e o significado). A transformação é a manifestação dessa não-disjunção que regula a relação do significante com o significado no modelo do signo e do discurso que partilha do seu ideologema*[210].

Os significantes, transpostos de um texto a outro, de um discurso a outro, atuam como diferentes, mas são sempre significantes, a despeito de serem transformados pela função não-disjuntiva do romance. Justamente pelo diálogo dos vários textos a fixidez dos sentidos é suspensa, modificando-se reciprocamente as unidades que pertencem a textos diversos, resultando numa transformação global a que se denomina *produtividade textual.* Não há, portanto, equivalência de sentidos. Ela aparece apenas como indicador, diacronicamente, de transformação. Determinadas pela função não-disjuntiva do romance, as unidades significantes atuam como diferentes em relação ao seu contexto de partida (outros textos), produzindo um discurso outro, transformado. A equivalência de sentidos apenas assinala a pertença das unidades significantes a outros textos. A intertextualidade, decorrente dessa modificação recíproca dos significantes, é, ao mesmo tempo, um elemento constitutivo ela própria do romance como metadiscurso. Adotada como procedimento discursivo, ela opera uma mudança no interior do romance, posta em sua superfície justamente para evidenciar o problema da produtividade textual. ***Se um viajante numa noite de inverno,*** de Calvino, apresenta-se como uma seqüência de sucessivos romances que se interrompem e com os quais o leitor se relaciona, indagando-lhes sobre sua produção e indagando-se a si próprio. Rebelando-se contra o sentido logocêntrico e contra o pressuposto da existência de uma entidade anterior à própria prática escritural, o ***Viajante*** não é uma mensagem destinada a

---

209 KRISTEVA, 1984.

210 iBID., p. 65.

obter um efeito, não descreve nenhum fenômeno preciso, não descobre nenhuma verdade anterior à sua produtividade. Ao contrário, é um texto cuja urdidura se faz pelas repetições e conexões de sucessivos capítulos, sempre iguais e sempre diferentes, que encerram em si, eles próprios, novos romances inacabados, auto-referindo-se como uma prática, a prática da literatura.

É essa prática que interessa à compreensão do ideologema do signo e, portanto, à natureza do texto em sua relação com a cultura, e não propriamente a verdade ou a mensagem que a obra possa conter. O romance, particularmente esse romance de Calvino, é então construído como um *espaço,* em cujo interior se vê romper a superfície da própria estrutura romanesca tradicional. No entanto, essa ruptura se materializa pela iterabilidade do signo. Ou seja, dentre outras particularidades discursivas ocorridas na cadeia significante da superfície lingüística, pela repetição dos romances que se sucedem uns aos outros e que articulam o efeito de verossimilhança (verificação lógica) e de isomorfismo dentro do romance, produz-se um movimento infinito de significação, só possível pelo encadeamento anafórico. São frases, capítulos, *romances*, constitutivos e constituidores dos sentidos do romance ***Se um viajante numa noite de inverno***, justamente pelo seu funcionamento anafórico. Aqui o que conta é a repetição, mas a repetição da diferença, repetição como *différance*. Por isso, pode-se sempre escrever outro livro, e mais outro e mais outro e assim sucessivamente.

A coexistência de uma verificação lógica, de um *querer-dizer* ou de uma equivalência de sentidos — possibilitada pela verossimilhança — e de uma transformação discursiva — possibilitada pela não-disjunção — faz com que ***o Viajante***, sendo duplo, cindido, seja principalmente um texto de ficção que se dá para saber. Ao mesmo tempo que cria verossimilhança com a história de seu leitor e de sua leitora que lêem outras histórias, produz; é anafórico, mas é também retórico. O significante retórico, próprio da narrativa e constitutivo da história, é esquecido como tal e se torna um significado que pretende igualar o real.

Barthes[211] se refere a essa coexistência de interpretações ou à duplicidade de escuta no texto, alertando-nos para a insidiosa existência de

---

[211] BARTHES, s.d., p. 43.

dois sistemas considerados diferentes — a denotação e a conotação — que "permite que o texto funcione como um jogo, cada sistema remetendo ao outro segundo as necessidades de uma certa ilusão", a qual se faz necessária para garantir à linguagem algo de simples, de literal, de natural, de verdadeiro, enfim. Para esse autor, a denotação, astuta, finge ser o primeiro dos sentidos e se encarrega "de representar a inocência coletiva da linguagem"[212], enquanto a conotação, que inicia um código jamais passível de ser reconstituído semiologicamente, "assegura uma disseminação (limitada) dos sentidos, salpicada como uma poeira de ouro sobre a superfície aparente do texto"[213]. Dessa forma, a significação num discurso romanesco só pode ser presumida na relação mútua entre o verdadeiro e o falso num jogo incessante em que se manifesta a ambigüidade de uma mentira que não é mentira.

Dado esse caráter simultânea e paradoxalmente verossímil e produtivo (próprio do sentido transformado e transformador) do romance, pode-se dizer que a pertinência da prática escritural é, por assim dizer, da ordem do *indecidível*. Isso significa que a literatura, além de não poder ser submetida a processos de prova e verificação, se realiza fundamentalmente como um ***trajeto***, "que se faz e se destrói a si próprio no processo de relacionamento de termos opostos ou contraditórios"[214]. Esse gesto escritural, que liga o texto à cultura, funda a modernidade do romance de Calvino, na medida em que o romance ***Se um Viajante numa noite de inverno*** não se ocupa propriamente de uma narrativa ou de histórias dentro de uma história, mas sim do ***sentido da narrativa***, ao evidenciar principalmente o que o precede e o ultrapassa.

Por isso, só a narrativa não interessa, embora o romance não exista sem a narrativa. Ambos estão imbricados. O poder da narrativa diz respeito justamente ao que falta nela. Pois, na verdade, a narrativa se escreve a si mesma e prepara, ao mesmo tempo, o lugar do acontecimento. O acontecimento é aquilo que advém como promessa inscrita na narrativa. Como demonstra Blanchot[215], *"le récit n'est pas la relation de l'événement, mais cet*

---

212 BARTHES, s.d., p. 43

213 Ibid., p. 42.

214 KRISTEVA, 1984, p. 76.

215 BLANCHOT, M. **Le livre à venir.** Paris: Gallimard, 1959. p. 14.

événement même, l'approche de cet événement, le lieu où celui-ci est appelé à se produire, événement encore à venir et par la puissance attirante duquel le récit peut espérer, lui aussi, se réaliser" [a narrativa não é o relato de acontecimentos, mas o acontecimento mesmo, a iminência desse acontecimento, o lugar onde ele é chamado a se produzir, acontecimento ainda por vir e de cujo poder de atração a narrativa pode esperar, ela mesma, realizar-se].

Essa relação é a lei secreta da narrativa. Por causa dessa relação, da narrativa propriamente dita e do acontecimento que nela e por ela se realiza, a narrativa parece não ter, de antemão e fora desse movimento, alguma sorte de realidade. De modo que, como ainda afirma Blanchot[216], "*c'est seulement le récit et le mouvement imprévisible du récit qui fournissent l'espace où le point devient réel, puissant et attirant*" [é somente a narrativa e o movimento imprevisível da narrativa que fornecem o espaço onde o ponto advém real, poderoso e atraente].

Por esse motivo, o romance, e não a história (ou a ficção), conduz a outro lugar, diz uma outra coisa, diz algo para além da narrativa. Esse algo, que está sempre à distância, torna o romance um espaço a percorrer e produz na leitura a abertura de um movimento infinito, na medida em que o leitor participa do romance como um acontecimento presente; mas também e ao mesmo tempo está fora e é sempre lançado para além da narrativa. Entregue ao fascínio da ausência de tempo, o leitor liberta-se, convoca a lembrança (força atuante do agora), dispõe dela, e faz recomeçar a cada leitura o acontecimento: *ad infinitum.* Ou seja, não interessa o acontecimento presente propriamente, mas em torno do quê ele se produziu e se produz a cada nova leitura. Esse algo para o qual o acontecimento remete está sempre fora, sempre ainda por vir e isso ocorre porque só o romance permite esse retorno e recomeço eterno.

É o mesmo movimento pelo qual o jogo entre narrativa e narrador transforma um e outro, em que um transforma o outro e eles se transformam reciprocamente. O narrador, em sua forma particular de lidar com os elementos constituintes da narrativa, vai criando mesmo o tempo e o espaço do acontecimento, que deixam de ser o tempo e o espaço do cotidiano,

[216] BLANCHOT, 1959, p. 14.

para ser o tempo e o *lugar do discurso*, o que retorna sobre ele próprio e produz um movimento infinito.

Há algo que está sempre fora, que está sempre ainda por vir e que faz o leitor interrogar o romance, interrogando-se, a respeito do que se produz em torno desse vazio que o modifica, e que o relança para além do acontecimento presente. Essa parece ser uma certa maneira de tentar apreender o real. Porque, para possuir o real, é preciso criá-lo. E porque esse real é inapreensível e sua produção é da ordem do discurso, esse deslizamento parece designar um espaço a percorrer, conduzindo o texto do romance e o leitor a uma transformação. Diz-nos Blanchot[217], é "*l'ouverture de ce mouvement infini qu'est la rencontre elle-même, laquelle est toujours à l'écart du lieu et du moment où elle s'affirme, car elle est cet écart même, cette distance imaginaire où l'absence se réalise...*" [a abertura desse movimento infinito que é o encontro ele mesmo, o qual está sempre fora do lugar e do momento onde ela se afirma, porque ela é esse fora mesmo, essa distância imaginária onde a ausência se realiza...].

Poder-se-ia, por analogia, identificar no meta-romance ***Se um viajante numa noite de inverno*** de Calvino esse *écart*, atribuindo-se-lhe a mesma função discursiva encontrada na análise que Derrida faz acerca do sentido do termo *subjétil* na escritura-desenho de Artaud[218]. Atribuindo-lhe o sentido ambivalente, segundo sua própria etimologia, de algo aparentemente estável (posto que é suporte, superfície) mas que ao mesmo tempo se põe em movimento, de algo que está sob, que se esconde, mas que também se lança como um projétil, Derrida vê na capacidade que a escrita tem de mover-se e transformar-se uma plasticidade geradora de um sentido novo, capaz de quebrar o dualismo da metafísica. Aí, onde o texto produz, oferecendo resistência e revelando, dizendo e ocultando, fazendo-se saber, o leitor o rasga e o costura a um só tempo, forçando nele a abertura da interpretação.

Não sendo fechado em si próprio, não se deixando nunca apreender no processo de busca da verdade, o texto se desdobra e encena sua própria

---

217 BLANCHOT, 1986, p. 18.

218 DERRIDA, J. **Enlouquecer o subjétil**: pinturas, desenhos e recortes textuais. São Paulo: Ateliê Editorial, 1998.

constituição, encena a si próprio como trajeto. O leitor partilha essa experiência, que se transmuta e se realiza em textualidade, imprime seus traços ao funcionamento incessante da escrita como acontecimento. Esse jogo, iniciado e interrompido em qualquer ponto, deixa-se jogar porque a natureza e o modo de funcionamento mesmo da prática escritural pressupõem a ambivalência e a alternância das posições do autor e do leitor: *ora um ora outro*, ou *um e outro*, ou melhor, *no um o outro*. Ou seja, estão já inscritas no próprio funcionamento discursivo a abertura à alteridade e a força do deslocamento. O deslizamento de sentidos advém dessa outra marca, desse outro traço.

Essa ambivalência (ou a não-disjunção) não é retórica nem se reduz a mera formulação conceitual. Mais que recolher na trama insidiosa do tecido textual os resíduos e o rastro de outras significações, a ambivalência diz respeito à produtividade textual ocasionada pela riqueza semântica e discursiva e pela possibilidade de articulação sintática dada no interior da própria língua. Observa-se isso pelo estudo rigoroso[219] de alguns termos indispensáveis e fundadores do pensamento derridiano e da desconstrução. Ali encontramos uma certa genealogia dos conceitos, pela qual o autor empreende, dentre outros processos, uma busca etimológica de certos termos, atualizando-os e ressignificando-os em novos contextos escriturais, pelos quais se assinala, como "efeito de língua ou de escrita",[220] a alternância das posições na cena literária ocidental.

Trata-se, por exemplo, no caso da oscilação sintático-semântica do *hymen* — membrana fina, véu — dos indícios do que simultaneamente separa, distingue, distancia, tanto quanto une, concilia e confunde, instaurando a união entre os opostos e aludindo a um para-além do que se quer como *presença*. Porque, por esse véu — *hymen* — se afastam e se unem elementos pretensamente contrários, lança-se através dele um outro olhar capaz de descortinar uma nova cena na instância do jogo escritural. Por isso, segundo Nascimento[221], "o hymen opera segundo a lógica do que se chama indecidível".

---

[219] NASCIMENTO, E. **Derrida e a literatura:** "notas"de literatura e filosofia nos textos da desconstrução. Niterói: EDUFF, 1999. p. 91.

[220] Ibid, p. 240.

[221] Ibid., p. 91

É Derrida[222] quem propõe:

> *O que vale para 'hymen' vale, mutatis mutandis, para todos os signos que, como phármacon, suplemento, différance e alguns outros, têm um valor duplo, contraditório, indecidível, sempre em função de sua sintaxe, seja ela de algum modo 'interior', articulando e combinando sob o mesmo jugo, yph'en, duas significações incompatíveis, seja 'exterior', dependendo do código no qual a palavra é trabalhada.*

Diversificando, disseminando e desestabilizando com uma designação genérica — *différance*, rastro, espaçamento, traço, grama, interpretação — a própria noção de indecidibilidade, Derrida reinscreve o espaço escritural como um lugar de partida, a partir do qual os sentidos se produzem sempre provisoriamente, fazendo abalar qualquer referência ou primazia a uma identidade ou a um centro absoluto. O que se tem, então, por esse critério de indecidibilidade, é sempre um, dentre outros que hão de advir, ***entrelugar***.

O entrelugar pode, então, ser compreendido como a própria relação na qual se inscreve a coexistência das diferenças. Noutras palavras, trata-se da relação diferencial que se estabelece entre uma certa unidade (um signo) e todas as outras (os outros signos do sistema), constituindo mesmo a condição de possibilidade de algo vir a significar. O valor diferencial do signo é constitutivo da significação. Por exemplo: o presente de uma narrativa é suspenso numa leitura e só se põe a significar a partir e por causa dos traços de passado e de futuro que com ele produzem o acontecimento. As diferentes formas da temporalidade discursiva abalam o privilégio de uma identidade do presente. A relação que constitui a temporalidade do romance é que faz com que cada tempo (presente, passado e futuro) possa diferir-se um do outro e para consigo mesmo. A escrita, pelo seu valor diferencial, é uma cadeia ininterrupta de significantes. Não há a presença plena da própria coisa a ser significada. Há *rastro*: marcas de uma inscrição que jamais pode ser apreendida. Pelo princípio de indecidibilidade, a identidade vem do outro. Como afirma Derrida[223],

---

222 DERRIDA apud NASCIMENTO, 1999, p. 92.

223 DERRIDA, 1991b , p. 13.

A différance é o que faz com que o movimento da significação seja apenas possível se cada elemento dito 'presente', aparecendo na cena da presença, se relacionar com outra coisa diferente dele próprio, guardando em si a marca do elemento passado e logo se deixando escavar pela marca de sua relação com o elemento futuro, o rastro não se relacionando menos com o que se chama futuro do que com o que se chama passado, e constituindo o que se chama o presente pela relação mesma com o que não é ele: de forma alguma ele, ou seja, nem mesmo um passado ou um futuro como presentes modificados.

Essa inefabilidade do *pensamento do rastro* faz Barthes[224] ver na escrita um certo modo do Eros. Para esse autor há essencialmente constrangimentos e liberdades de associação dos signos, e a consciência de suas relações — uma consciência sintagmática — se dá no nível do próprio discurso, cuja dinâmica combinatória é o que produz sentido. Trata-se do que ele nomeia como uma *imaginação do signo* e que não faz mais que pôr o texto para funcionar como o significante de um sentido vazio, evanescente. Como afirma o crítico[225] ao lançar uma de suas teses fundamentais, "...não há outro significado primeiro da obra literária senão um certo desejo...". Reconhece-se a dimensão amorosa da literatura na possibilidade infinitamente renovada de fazer surgir e desaparecer o *quase nada do inapresentável* de que fala Derrida[226], que emana da relação do escritor com o mundo, e que não existe senão pela matéria única dos signos. Essa situação em que se debate o escritor é assim metaforizada por Barthes[227]: "...o escritor e Orfeu sofrem ambos a mesma proibição, que faz seu canto: a proibição de se voltar para aquilo que amam". O *rastro*, esse sentido que é constituído retrospectivamente quando da desaparição de um sentido outro supostamente originário, e que no percurso é já ele próprio transformado, não se faz sozinho. Barthes[228] define,

...o autor nunca produz mais do que presunções de sentido, formas, por assim dizer e é o mundo que as preenche. Todos os textos (...) são como elos de uma

---

224 BARTHES, R. **Crítica e verdade.** São Paulo: Perspectiva, 1982.

225 Ibid., p. 21.

226 DERRIDA, J. **Le presque rien de l'imprésentable, de points de suspension; entretiens.** Paris: Galilée, 1992

227 BARTHES, 1982, p. 23.

228 Ibid., p. 15-6.

cadeia de sentido, mas essa cadeia é flutuante. Quem poderia fixá-la, dar-lhe um significado seguro? O tempo, talvez: reunir textos antigos num livro novo é querer interrogar o tempo, pedir-lhe que dê sua resposta aos fragmentos que vêm do passado; mas o tempo é duplo, tempo da escritura e tempo da memória, e essa duplicidade chama por sua vez um sentido seguinte: o próprio tempo é uma forma.

Como numa visão especular, o tempo vai configurando as pequenas diferenças que produzem a mutação de uma pretensa identidade, quebrando-lhe a estabilidade, transformando em seu próprio itinerário o que antes se constituíra como um nome ou uma verdade. O tempo, como forma, é pois troca de lugar e ocultamento. Ou, melhor dizendo, é o *entrelugar* dos sentidos.

Pode-se, com isso, falar da instituição do sentido e da decepção desse mesmo sentido, de uma aproximação e de um apagamento, fazendo mesmo significar as subversões do sentido. Absorve-se na impossibilidade de ausência de sentido aquilo que seria *fora-de-sentido*. A isso se deve a natureza intransitiva da linguagem. É da ordem mesma da estrutura da língua como jogo combinatório de traços e de relações a pluralidade de sentidos. A própria escrita, então, como jogo, engendra sua multiplicidade e sua condição de mutabilidade.

Daí que toda metáfora é um signo sem princípio nem fim e não designa senão uma verdade flutuante e evanescente, cuja virtualidade a reenvia sempre a novas ocorrências e a novas possibilidades de interpretação. Aí, onde o leitor experimenta suas significações, isto é, onde suas experiências, sua história e seus desejos buscam no texto o *para-além* do texto, a obra se realiza como escritura. Quanto mais o leitor é interpelado e participa da trama pela singularidade do seu desejo, mais a linguagem deixa escapar um *resto*. Mas é justamente nesse *resto* que o sujeito se reconhece. Pelo caráter metonímico do desejo, há um esfacelamento dos limites entre a escrita e a leitura. Por isso, é a linguagem que importa e o que diz é sempre a *escritura*. O acontecimento da narrativa, ao ser sempre algo outra vez evocado, o é a partir de vários pontos de vista; ele é evocado no futuro, no passado e no presente. Pelas evocações que só o texto permite fazer as interpretações variam de um sujeito a outro. Há um sistema de idéias e de valores subjacentes ao texto. Tanto a escrita quanto a leitura são sempre uma interpretação. Mais que isso, são, cada uma a sua vez, um trabalho sempre de reinterpretação, em que o universo construído pela narrativa é já um universo transformado. Por isso, talvez, Todorov[229] afirme que o objeto que nos escapa é necessariamente todo diferente daquele que nos persegue. É a indecidibilidade do objeto do desejo e da própria construção no romance que nos obriga a uma leitura sempre outra, a uma leitura diferente, distinta da história mítica, e que caracteriza o romance moderno. Retomando a metáfora órfica da escritura para reinscrevê-la no âmbito de sua relação com o real, "*poder-se-ia dizer*", concordando com Barthes[230],

> *...que a literatura é Orfeu subindo dos infernos; enquanto ela vai em frente,* ***sabendo entretanto que conduz alguém,*** *o real que está atrás dela e que ela puxa pouco a pouco do inomeado, respira, anda, vive, dirige-se para a claridade de um sentido; mas logo que ela se volta para aquilo que ama, só resta entre suas mãos um sentido nomeado, isto é, um sentido morto.*

É esse sentido evanescente, vazio, que faz abalar a estrutura do romance como um *logos*, uma identidade e, portanto, como expressividade. É essa evanescência do sentido, o rastro do que foi nomeado mas que é desde já vazio, que constitui o trajeto das significações que, como tal, assegura ao romance sua multiplicidade e sua polifonia. É um trabalho de desligamentos, cruzamentos, associações, variações, contigüidades e relações que faz do texto o campo do significante por excelência, libertando-o, em sua capacidade simbólica, de uma estrutura centralizada, fechada. Constituindo-se nesse movimento como uma travessia, o texto é restituído à linguagem naquilo que ela permite potencializar como jogo. Disseminando-se, os sentidos geram novos campos de significação, abrem fissuras, produzem uma passagem que impede uma interpretação que se paralise na pretensa totalidade da estrutura significante. Oferecendo-se à reinterpretação, os signos remetem simultaneamente texto e leitor a uma irredutível pluralidade.

---

229 TODOROV, T. La lecture comme construction. In: ______. **Poétique de la prose; nouvelles recherches sur le récit.** Paris: Édition du Seuil, 1971.

230 BARTHES, 1982, p. 172.

Pensado como jogo e, portanto, como um trabalho ou uma prática, o texto se destitui de um lugar fixo e privilegiado de detentor de uma autoria, tal qual lhe é atribuído pela cultura de consumo que o institui como obra, resiste a essa redução e desfaz a separação entre escrita e leitura. Essa seria, talvez, a experiência do descentramento, da provisoriedade e das diferenças constitutivas de uma nova forma de estar no mundo e, principalmente, de pensá-lo. Não sendo mais o invólucro de um segredo a ser revelado ou decifrado, de uma *verdade* a ser descoberta ou explicada, o texto será sempre inaugural e fará rumor[231] a partir de seu resto, de suas margens, de seu vazio. Libertando os signos das imposições metafísicas construídas ao longo da história dos homens, através do estremecimento dos sentidos, resta-lhes a leveza da troca, do jogo, da invenção, em que o que conta é o "*trabalho présentido*"[232].

Calvino, em ***Seis propostas para o próximo milênio***, alia a fundamentação da poesia de Lucrécio e Ovídio, de quem é leitor, na filosofia e na ciência à sua reflexão sobre a leveza da escrita como algo que se cria no processo de escrever, ao mesmo tempo que associa essa leveza ao conhecimento do mundo e à dissolução de sua compacidade. Encontrando nos textos daqueles poetas a "pulverização da realidade" como qualidade poética, na medida em que tudo se constitui das relações de minúsculas e ínfimas particularidades e da substância última que integra a multiplicidade das coisas, o que faz o escritor é justamente referir-se à escrita como metáfora dessa pulverulência do mundo. Diz o escritor-crítico[233], referindo-se à dissolução do peso e da gravidade do mundo na intercambiável capacidade de simulação da escrita, tal como

> *uma poeira de átomos ou um véu de ínfimas partículas*[233] (...): *Para Lucrécio as letras eram átomos em contínuo movimento, que com suas permutações criavam as palavras e os sons mais diversos; a idéia retomada por uma longa tradição de pensadores para quem os segredos do mundo estavam contidos na combinatória dos sinais da escrita (...) Mesmo Galileu verá no alfabeto o modelo de todas as combinatórias de unidades mínimas... Em seguida Leibniz...*[234]

---

[231] BARTHES, 1988.

[232] KRISTEVA apud BARTHES, 1988.

[233] CALVINO, 1990b, p. 39.

[234] Ibid., p. 33.

Vendo no uso da palavra uma "perseguição incessante das coisas, adequação à sua infinita variedade," Calvino tem na escrita "a única realidade cognoscível..."[235] capaz de fazer mudar a nossa imagem do mundo.

Mundo e livro, livro e mundo, em que um em presença do outro se espelha e se torna outro, cada coisa escrita entrando no mundo e cumprindo sua função de transformação, de negação e de futuro de tantas outras coisas, empreendem uma relação que favorece "o conjunto do mundo do qual o livro é o reflexo mudado, fonte infinita de novas realidades, a partir de que a existência será o que não era"[236].

Aí reside a questão da literatura: sendo movimento incessante à procura desse tudo que nunca se deixa apreender e representar, desse **tudo que é nada,** seguindo livremente no vazio, mas sem sucumbir, a literatura existe no momento em que se torna ela própria uma questão. Ao se interrogar, a linguagem se torna literatura.

Tranqüilizadora e inquietante, a literatura tem seu sucesso e seu fracasso justamente na impossibilidade de nomear os seres do mundo, os estados anímicos e as manifestações mais evidentes ou secretas da condição humana. Condenada a fazer do vazio que penetra as palavras seu próprio sentido, a literatura tem sua possibilidade de existência justamente ao distanciar-se das coisas para delas só se aproximar pelo sentido que lhes dá, ao aludir, ao fazer de si mesma e por si mesma um acontecimento. Tendo perdido toda a relação com o que designa, a linguagem, ao nos dar a realidade, imediatamente a suprime. O que se tem é a presença de um nome.

A linguagem subtrai ao objeto que nomeia sua existência e sua presença e é dessa destruição que ela vive; sua capacidade de significar começa desse vazio, de poder fazer algo ser outra coisa que não seu próprio ser, só possível de ser revelado como ausência. O sentido de algo se deve à sua negação como presença ou como recuo diante da existência. A palavra, ao nomear, imediatamente exclui a existência do que designa e faz do ser outra coisa que não o seu ser. Necessariamente, a negação está ligada à linguagem. Não sendo nada, a palavra revela. Ao revelar o ser em sua inexistência,

[235] CALVINO, 1990B, p. 39.

[236] BLANCHOT, M. **A parte do fogo**. Rio de Janeiro: Rocco, 1997. p. 304.

a palavra afirma. Ultrapassando, pela negação, o próprio ser que ela designa, a palavra remete-se a uma realidade outra e se afirma como tal. É nesse jogo de presença/ausência que a literatura afirma, enquanto dissimula, e **faz do nada tudo.** Toda a certeza que se tem das coisas do mundo nos é restituída como palavra, configurada e transfigurada em seu contínuo movimento de escrita. Blanchot[237] assim se refere a essa transfiguração do mundo pela linguagem, apontando o vazio que lhe é constitutivo: "O tormento da linguagem é o que lhe falta pela necessidade que tem de ser o que falta". Prossegue ele[238], ilustrando:

> *Eu digo uma flor! Mas, na ausência em que a cito, pelo esquecimento a que relego a imagem que ela me dá, no fundo dessa palavra pesada, surgindo ela mesma como uma coisa desconhecida, convoco apaixonadamente a obscuridade dessa flor, esse perfume que me invade e que não respiro, essa poeira que me impregna, mas que não vejo, essa cor que é vestígio, mas não é luz. Onde reside então minha esperança de alcançar o que rejeito? Na materialidade da linguagem...*

Inscrita no mundo, mas não sendo o mundo, a literatura designa as coisas e as faz existirem antes mesmo e depois de seu desaparecimento, fazendo iluminar ou permanecer aquilo que não é ou aquilo que não há. Quanto mais revela o que faz desaparecer, quanto mais mantém o que suprime, maior possibilidade a literatura tem de significar e de fazer das coisas suprimidas e objetos de desaparição coisas conhecidas e compreendidas. Transformadas. Ao fazer o mundo existir de um outro modo, a palavra lhe dá sua materialidade. É por essa materialidade que o mundo é significado. A palavra, portanto, **apresenta** o mundo, não o representa. Por isso é que Blanchot[239] afirma: "A arte é um **como se.** Tudo se passa como se estivéssemos em presença da verdade, mas essa presença não chega a ser de fato (...) Ela muda de sentido e de sinal. Destrói-se e subsiste. Esta é a sua impostura, mas também sua dignidade maior...".

---

[237] BLANCHOT, 1997, p. 314.

[238] Ibid., p. 315.

[239] Ibid., p. 25.

A forma geral de um acontecimento, seja ele qual for, uma vez designado pelo jogo da palavra, permanece uma abstração. Ao emudecer o objeto que se pretende dizer, ao desligá-lo da palavra que o nomeia, o que se tem dele é unicamente uma imagem ou uma recordação, não o objeto mesmo, mas sua ausência. Esse talvez seja o trabalho "*pré-sentido*" atribuído por Kristeva à escritura. Como acontecimento, a realidade da literatura é feita de reminiscências, de alusões, mesmo quando literalmente nomeia, pois a realidade nomeada, desaparecida ou ausente, evaporada, reaparece apenas e tão-somente em sua forma mais sensível: a palavra.

Quando evoca, a linguagem simultaneamente destrói a realidade material das coisas e o seu próprio poder abstrato de apresentá-lo. Seu poder de abolir é também o de fazer reaparecer o próprio "*fulgor do real*"[240]. Daí uma certa compreensão do poder físico da linguagem, tal como nos é dado a conhecer por Valéry, quando ele, em **A Alma e a dança**[241], nos apresenta o jogo entre verdade e mentira, em sua materialidade de linguagem, como o *phármacon* indispensável à vida:

> *...ansiosos de saber, felizes demais por ignorar, procuramos, no que é, um remédio ao que não é; e no que não é, um alívio para o que é. Ora o real, ora a ilusão nos recolhe; e a alma, em definitivo, não tem outros meios exceto o verdadeiro, que é sua arma — e a mentira, sua armadura.*

Prosseguindo em sua reflexão poética sobre a arte em geral como forma de conhecimento e a literatura em particular como a instância da metamorfose capaz de recriar a vida, Valéry acrescenta[242]:

> *A vida escurece no contato com a realidade... (...) Nada, sem dúvida, nada de mais mórbido em si mesmo, nada de tão inimigo da natureza, do que* ***ver as coisas como elas são****. Uma fria e perfeita clareza é veneno impossível de combater. O real, em estado puro, paralisa instataneamente o coração... Basta uma gota dessa linfa glacial, para distender numa alma os mecanismos e a palpitação do desejo, exterminar todas as esperanças, arruinar todos os deuses*

---

240 BARTHES, R. **Aula**. São Paulo: Cultrix, 1978.

241 VALÉRY, 1996, p. 21.

242 Ibid., p. 52-3.

> *que estavam em nosso sangue. As Virtudes e as mais nobres cores se empalidecem com isso, e se devoram pouco a pouco. O passado, num pouco de cinzas; o futuro, em pedra de gelo se reduz (sic). A alma surge diante de si mesma, como uma forma vazia e mensurável. Eis então que as coisas tais quais são se juntam, se limitam, e se encadeiam do modo mais rigoroso e mais fatal... Ó Sócrates, o universo não pode suportar, um só instante, ser apenas o que é. É estranho pensar que aquilo que é o Todo não possa ser suficiente a si mesmo!... Seu pavor de ser o que é fez com que criasse e pintasse mil máscaras para si; não há outra razão para a existência dos mortais. Por que existem os mortais? Ocupam-se de* ***conhecer****. Conhecer? E o que é conhecer?* ***É assumir não ser aquilo que se é.***

Assim é que o que foi e não é mais, o que será e não é ainda — jamais aquilo que é —, o passado e o futuro acontecendo presentemente diante de nossos olhos, são o que constituem o ser mesmo da literatura, cuja função e razão de ser é atrair o olhar sobre si mesma para desviá-lo da realidade prosaica e cotidiana de que fala. É pela literatura que a ausência do mundo se faz presença. Sob esse olhar, o que se entende como silêncio é a própria condição da palavra. Não é o seu contrário; é aquilo que é suposto por ela. Como analisa Blanchot[243], é sua intenção secreta, pois que reside no silêncio o poder de dar um sentido, separando-nos das coisas no mundo para significá-las. O crítico[244] traduz as preocupações de Mallarmé em torno desse caráter impessoal e dessa espécie de existência absoluta da linguagem:

> *Primeiro, a linguagem se mantém numa contradição: de maneira geral, ela é aquilo que destrói o mundo para fazê-lo renascer no estado de sentido, de valores significados; porém, sob sua forma criadora, ela se fixa no único aspecto negativo de seu papel e se torna pura força de contestação e de transfiguração. Isto é possível na medida em que, tomando um valor sensível, ela própria se torna uma coisa, um corpo, uma potência encarnada. Presença real e afirmação material da linguagem lhe dão o poder de suspender e despedir o mundo. A densidade, a espessura sonora lhe é necessária para liberar o silêncio que ela encerra e que é a parte do nada sem a qual nunca criaria um novo sentido. Ela precisa ser infinitamente assim para reproduzir o senti-*

---

[243] BLANCHOT, 1997.

[244] Ibid., p. 43-4.

mento de uma ausência — e se tornar igual às coisas para romper nossas relações naturais com elas.

Há uma equivalência da palavra e do silêncio, que se intercambiam para que possam se realizar e significar ambos, simultânea e alternadamente. Negar o silêncio na ilusão de se proferir tudo é impedir que a própria palavra diga. Presumivelmente ao se dizer tudo, pode-se não dizer nada, reduzindo-se tudo a nada. Por outro lado, no jogo da literatura, no silêncio e no vazio em que esse jogo se constitui, é que ela, a palavra, resplandece, na concepção mallarmeana, substituindo tudo na falta de tudo. Por mais paradoxal que possa ser. Pois a linguagem só se realiza nesse paradoxo.

Pode-se dizer, pois, que o que nos atrai, a nós, leitores, é o próprio tormento da literatura: o vazio, a falta e o desejo que ela constitui, e sua condição de incompletude. Isso que nos arrasta numa ciranda vertiginosa de esperança e desespero, levados em diálogo infinito a um eterno renascer de falta e de desejo e de falta... Por isso se escreve. Por isso se lê.

Mais que isso: interrogando-se e escrevendo-se, a linguagem separa-se autonomamente de todas as coisas, e se oferece àquele que vê nela a força singular de apresentar-se como o espetáculo maior da natureza e da condição humana pelo seu poder de criar e de se situar numa falta. Em sua existência formal e independente e com sua missão de jogo, dá ao homem, pela sua impossibilidade, a possibilidade de alcançar o fundo obscuro das coisas. Nesta capacidade de enganar consiste talvez a única verdade da literatura. Isso só é possível por essa estranha possibilidade de criar e de associar o vazio à criação, pela escrita, ligando-a ao sentimento mais profundo da nossa existência, a angústia. Com esse movimento em direção a algo que nos escapa, mas que nos define, a literatura liberta-se e nos liberta. Essa libertação, que jamais se conclui, é o próprio de seu objeto e de sua criação.

Capítulo 4

A travessia com o *Viajante*: de uma *leitura da escrita* a uma *escrita da leitura*

I

"Você vai começar a ler o novo romance de Italo Calvino, ***Se um viajante numa noite de inverno***"(p. 11)[245]. Advertência feita pelo narrador ao leitor, informando-o que a aventura propiciada pela narrativa vai ter início. Auto-referindo-se como autor do romance que ora inicia, ao mesmo tempo que já dele participa, Calvino surpreende o leitor ao representar-se com esse duplo papel, e anuncia como a literatura, desde sempre e cada vez mais contemporaneamente, se designa a si mesma. Ao auto-referir-se como autor do romance, gênero ficcional da criação estética, Calvino — "escritor–crítico" — rompe a fronteira que separa a realidade da ficção e faz elidir tanto a noção de sujeito-autor da forma romanesca quanto os limites tênues que tradicionalmente caracterizariam a crítica e a criação.

Aquela advertência, marcada desde o início pela inscrição de um leitor-modelo com quem vai dialogar ao longo de toda a narrativa, é seguida da caracterização de todos os aspectos relacionados às condições para que esse leitor possa ler, e pelas quais ele vai se constituindo à medida que a narrativa evolui: o espaço, a posição mais cômoda, o silêncio, o lugar, a lembrança de outras situações remotas que marcaram a história das leituras, desse e de outros leitores, as circunstâncias, a descrição do ambiente, a luminosidade. Há até mesmo uma caracterização do próprio leitor, cujo perfil, ao ser configurado, guarda em si a história particular de todas as suas experiências bem como o horizonte de expectativas que o põe inquieto e curioso diante *desse livro.*

---

[245] Todas as ocorrências de citação do texto de Italo Calvino acompanhadas exclusivamente do registro das páginas referem-se ao romance **Se um viajante numa noite de inverno**, da Companhia das Letras, publicado em 1999, primeira edição.

Mais que isso, o próprio texto captura o leitor. Esse *você* que inesperadamente irrompe no texto está fora e está dentro, e participa da trama sem aviso prévio. Ele toma o livro nas mãos para começar a ler o romance e de repente percebe que ele próprio tem, explicitamente, voz dentro do texto: "Estou começando a ler o novo romance de Italo Calvino!" (p.11). O que o leitor lê é a si mesmo. Ele se lê enquanto vai sendo paulatinamente criado. Esse *você* que está definitivamente inscrito no romance de Calvino não pode ser aprisionado no texto, uma vez que ele é *duplo* e remete simultaneamente ao leitor real que é convocado ao diálogo. Nesse *duplo*, que suspende, pela forma especular, os limites da linguagem e instaura discursivamente uma não-disjunção ao configurar a subjetividade do leitor, nesse *duplo* consiste o jogo textual de que se compõe esse romance.

O relevo dado ao leitor é uma característica aparente no livro e impregnada de ambigüidade. Segundo Segre[246], "*solo nel primo capitolo il lettore è il potenziale destinatario del livro*" [só no primeiro capítulo o leitor é o potencial destinatário do livro]. A partir do segundo capítulo surge o Leitor, com maiúscula, como personagem "*a cui succedeno vicende fittizie che costituicono il pretesto costruttivo di Se una notte....*"[247] [a quem sucedem acontecimentos fictícios que constituem o pretexto construtivo de Se uma noite...]. Trata-se de uma construção ao longo dos dez primeiros capítulos que se articulam como moldura: "*la cornice che collega i dicci 'romanzi parziali*'"[248] [a moldura que liga os dez romances parciais].

O leitor real tem diante de si alternativas enquanto o leitor protagonista não, uma vez que não pode escapar à efabulação calviniana. A transformação do leitor real com quem o autor dialoga em leitor protagonista se faz persuasivamente quando ele entra na livraria[249] e seus gestos são acompanhados, e não previstos, pelo narrador. Há paulatinamente uma mudança de condição. Ao revelar-se a relação entre o narrador e a matéria narrada, surge uma nova ordem de reflexão, um novo acontecimento: a narração inclui o leitor paradoxalmente identificado por um *você* que ao

---

[246] SEGRE, C. **Teatro e romanzo.** Torino: Einaudi, 1984. p. 135.

[247] Ibid., p. 135.

[248] Ibid.

[249] Ibid., p. 13.

mesmo tempo lê o romance e é definido como protagonista. Realizando-se nas dobras de uma dupla intenção de narrar e refletir sobre a narração, o verdadeiro protagonista do romance são os fragmentos dos romances, ou os romances interrompidos. A ausência de nome para o leitor protagonista é mero artifício para possibilitar ao **leitor que lê** identificar-se com **o leitor que é lido**. O escritor escolhe e decide pela personagem, como ocorre em qualquer romance.

Como recurso estilístico altamente sofisticado, essa aparente ambigüidade parece indicar que a fruição do romance consiste no próprio ato da ficção e que esta se elabora sempre de precedentes atos de ficção. Calvino não descuida nem do leitor protagonista nem do leitor real. Em sua atenção dirigida a um e a outro, expôs, deliberadamente, as estratégias do ofício, satisfazendo as exigências de seu leitor com numerosas explicações. Fingindo e revelando, narrando e comentando, jogando com a ambigüidade da ficção, o autor proporciona ao leitor comprazer-se da própria inteligência.

Há, como já foi dito, um narrador que nomeia Italo Calvino o autor do romance. O que se vê, então, nesse nome — *autor* — é um elemento do discurso, uma figura que funciona no discurso e que, definitivamente, potencializa a idéia da dissolução do sujeito[250]. De acordo com essa perspectiva teórica, segundo a qual o sujeito autor desaparece como indivíduo em favor da função que ele exerce nos discursos, escondem-se sob esse nome os vários *eus* que constituem isso a que se chama *autor*. O próprio Calvino, algum tempo após a publicação do livro, em Buenos Aires, assim descreve e define o livro:

> *tentar escrever romances 'apócrifos', isto é, aqueles que imagino tenham sido escritos por um autor que não sou eu e que não existe, foi tarefa levada ao extremo em* ***Se um viajante numa noite de inverno****. Trata-se de um romance sobre o prazer de ler romances; o protagonista é o Leitor, que por dez vezes recomeça a ler um livro que, em razão de vicissitudes alheias a sua vontade, ele não consegue terminar. Tive, portanto, de escrever o início de uma dezena de romances de autores imaginários, todos de algum modo diferentes de mim*

[250] FOUCAULT, M. **O que é um autor**. Lisboa: Vega/Passagens, 1992.

e diferentes entre si: um romance todo de desconfianças e sentimentos confusos; outro todo de sensações densas e sanguíneas; um introspectivo e simbólico; um existencial revolucionário; um cínico-brutal; um de manias obsessivas; um lógico e geométrico; um erótico-pervertido; um telúrico- primordial; um apocalíptico-alegórico. Mais que identificar-me com o autor de cada um dos dez romances, procurei identificar-me com o leitor — representar o prazer da leitura deste ou daquele gênero, mais que o texto propriamente dito. Em alguns momentos, cheguei a sentir que a energia criativa desses dez autores inexistentes me penetrava. Mas, sobretudo, tentei evidenciar o fato de que todo livro nasce na presença de outros livros, em relação e em confronto com outros livros (p. 266).

Os romances *apócrifos* são apresentados como esboços de romances. Sua incompletude é apenas aparente e corresponde a um procedimento estilístico cujo ardil é justamente o de fingir essa incompletude, utilizá-la como uma constante abertura interna capaz de funcionar como *leitmotiv* que organiza e dá coerência a toda a unidade romanesca.

Em todos eles há primazia do *eu protagonista*: escritos todos em primeira pessoa, os romances inseridos mantêm estreita relação com a narrativa em processo do *Viajante*. Não se trata de um narrador qualquer, mas de um narrador escritor, que todo o tempo faz alusões à complexidade da atividade literária. Mas esse *eu protagonista*, embora seja capaz, como autor fictício, de interpelar o leitor, implicando-o no diálogo, sabe que somente a efabulação lhe confere consistência e que sua única realidade lhe é dada pelo autor de fato. Cada ato seu se realiza exclusivamente pelo precedente ato da escrita.

Como bem observa Segre[251], forma-se um estranho triângulo entre o *eu protagonista*, o autor e o leitor. Em torno desse *eu protagonista* se cria um falso e deliberado engano: em primeiro lugar, o autor se deixa substituir pelo *eu protagonista*/autor fictício; em segundo, o leitor exerce influência sobre o autor, ou melhor, o autor age como se o leitor a exercesse; finalmente há a influência do *eu protagonista* sobre o autor, como se o primeiro pertencesse à realidade que o autor procuraria somente transcrever. Pela sutil reversibilidade desses papéis, há uma ambigüidade do sujeito das refle-

---

251 SEGRE, 1984, p. 147-8.

xões. Por isso as digressões se disseminam. O romance, como jogo textual, se abre à participação do leitor real e à interpretação porque se nutre justamente de sua própria indecidibilidade.

O perfil do leitor é potencialmente multiplicado pela classificação dos diferentes livros e gêneros descritos. Páginas inteiras são dedicadas a traçar esse perfil e a enumerar os variados tipos que se oferecem nas infindáveis prateleiras de uma livraria[252]. Esse perfil do leitor continua sendo delineado pela presumível atitude apresentada dentro da livraria, na rua, no ônibus ou nos sinais de trânsito, no carro, no local de trabalho. Suas atitudes revelam a expectativa que o leitor tem diante do livro, a relação que se estabelece entre ele e o livro a partir da leitura das primeiras páginas. Esse leitor apresenta diferentes reações diante da incomensurável oferta de livros que, se por um lado pode ser calculada num número finito, por outro o constrange, face ao desejo sempre irrealizado, pelo "número ilimitado de forças em campo" (p. 14), número multiplicado justamente pelo seu desejo.

Expostos nas prateleiras, classificados e hierarquizados conforme diferentes necessidades, intenções e desejos, os livros se definem e circunscrevem a relação do leitor com o mundo pela sua variedade e capacidade de serem para sempre uma pergunta. Capturado pela inumerável oferta de mundos possíveis contida nos livros, o leitor lança sobre eles um olhar que lhe é devolvido como indagação ou promessa.

A relação especular entre o leitor e o texto é apresentada desde o momento da escolha desse romance e não de outro, com todas as percepções e intuições que definem essa escolha e a condição mesma para a leitura. Essa relação especular afirma-se no prazer preliminar de um passeio ao redor do livro quando o leitor lê "o que está fora antes de ler o que está dentro" (p. 16), e prossegue na leitura, tentando "fazer coincidir os traços do rosto que vemos com os daquele de que nos lembramos" (p. 17). O leitor "percebe que de algum modo o livro se deixa ler" (p. 17). Efetua-se uma conversão do olhar.

---

252 A respeito dos perfis de leitor, incluindo aí o leitor de Calvino, confira Flávio Martins Carneiro **Entre o cristal e a chama**: ensaios sobre o leitor. Rio de Janeiro: Ed. UERJ, 2001.

A despeito de serem confirmadas ou frustradas as expectativas do leitor em relação a esse livro que ele escolheu, o texto depende dele para significar, dependendo do "pouco ou muito" do que o leitor "mesmo extrairá dele" (p. 16). Quanto mais intensa essa relação, mais se evidencia a primazia do texto, que apaga a figura do autor, fazendo desaparecer esse sujeito biográfico, e faz surgir o sujeito da enunciação.

À medida que o prazer da leitura do livro se anuncia e se expande, o leitor "está pronto para devorar as primeiras linhas da primeira página. Está preparado para reconhecer o inconfundível estilo do autor" (p.17). Mas se o estilo é a forma pela qual se materializa a experiência sensorial e inteligível com que o autor percebe o mundo, e se essa experiência e o próprio mundo se caracterizam pela multiplicidade, "pensando bem, quem afirmou que este autor tem estilo inconfundível? Pelo contrário: sabe-se que é um autor que muda muito de um livro para outro. E é justamente nessas mudanças que se pode reconhecê-lo" (p. 17).

Quem é esse que dialoga com o leitor do *Viajante*? Quem afirma e avalia esse sujeito/autor, desaparecido e morto, mas ressurgido na função ficcionalizada do autor do romance? Tal como um ator que encena uma peça em que a personagem é simultaneamente o narrador e o autor, esse sujeito do discurso que se auto-designa, através de suas máscaras, faz elidir a figura do sujeito para fazê-la multiplicar-se em muitos *eus* e confundir o leitor. A própria encenação apresenta o ser de *transformação* que caracteriza o romance em geral. O sujeito é ele mesmo e outro à medida que escreve. Repitamos: "...é justamente nessas mudanças que se pode reconhecê-lo" (p. 17). Também o leitor, seu *duplo*, transforma e se transforma à medida que lê.

Os programas de escrita postos em cena pela explicitação da máquina romanesca e pelos enunciados das personagens, ora leitores, ora autores fictícios, acentuam, segundo Segre[253], "*la funzione demiurgica dell'autore*" [a função demiúrgica do autor]. Para o crítico italiano, o *Viajante* é apressada e equivocadamente apontado como o romance do Leitor, quando na realidade é o romance do Escritor. São de fato inúmeras as alusões ao ofício de escrever, desde as diferentes maneiras de um autor fazer multiplicar a

[253] SEGRE, 1984, p. 151.

produção, como na literatura de consumo, até a irônica possibilidade de computadores imitarem o trabalho do romancista. Pode-se, no entanto, reconhecer na elaborada reconstrução ficcionalizada dos sentidos da narrativa uma teoria do romance pela qual as relações entre autor e leitor e entre escrita e mundo se constroem como fundamentos de um método de conhecimento sobre a leitura.

Cúmplices, autor e leitor se reconhecem nesse processo de subjetivação em que escrever e ler têm em si inscrito o problema do tempo. A relação entre tempo e escrita e tempo e leitura, constante na literatura clássica e na literatura moderna, preside a construção do romance tanto quanto instaura, nesse romance, uma crítica ao estilhaçamento do tempo e à desaparição do romance na contemporaneidade. Pelo jogo ficcional, o narrador-personagem-autor do ***Viajante*** vale-se da figura da finta e expande a função discursiva para além dos enganadores limites da ficção e da crítica, transformando-as em metaficção. Ele diz (p.16):

> *Hoje em dia, escrever romances longos é um contra-senso: a dimensão do tempo foi estilhaçada, não conseguimos viver nem pensar senão em fragmentos de tempo que se afastam, seguindo cada qual sua própria trajetória, e logo desaparecem. A continuidade do tempo só pode ser reencontrada nos romances da época em que o tempo, conquanto não parecesse imóvel, ainda não se estilhaçava.*

II

Não obstante a relação entre tempo e escrita e tempo e leitura se imponha como condição de existência do romance, é a permanência mesma do romance como gênero na contemporaneidade que figura entre as condições de produção da leitura vistas no romance de Calvino. A interrupção do romance, que se verifica como uma estratégia discursiva em sua estrutura, apresenta-se como descontinuidade, estilhaçamento e simulacro de tempos e histórias partidas, fragmentadas, que caracterizam cada vez mais contemporaneamente o romance. Calvino escreve seu romance *inacabado* para falar do romance; constrói narrativas que se interrompem, fragmentos de narrativas que se dispersam em sua trajetória para fazer surgir o sentido mesmo da narrativa e seu valor de acontecimento. Na verdade, o romance nutre-se do próprio romance.

Nesse *jogo* em que a auto-referência é a força ativa que organiza e impulsiona todas as outras forças que o põem em movimento e o caracterizam como ser de *transformação*, "o romance começa..." (p. 18). Essa auto-implicação faz diluir-se a tênue fronteira entre imaginação e pensamento, realidade e ficção, o ser e o nome numa poeira de signos. Desde a "abertura do capítulo, uma nuvem de fumaça esconde parte do primeiro parágrafo"e, pela "sucessão de frases" e pelas "páginas do livro que estão embaçadas como os vidros das janelas de um velho trem" (p. 18), reconhece-se que "todos esses signos convergem para informar que se trata (...) de um romance que fala de trens e estações" que "não pode deixar de transmitir esse cheiro de fumaça" (p. 20). Esse "cheiro de fumaça" propositalmente espalhado pelo romance se produz pela hábil organização de uma cadeia semântica que, em sua espessura e opacidade, é responsável pela "reconstrução do mundo executada na ausência do mundo"[254]. Busca-se o sentido das coisas a partir da sucessão de palavras e expressões que dão ao *romance da neblina* sua consistência e sua significação. É da opacidade dos signos que emerge essa *reconstrução do mundo*. São metáforas e mais metáforas, imbricações de sentidos literais e retóricos, que fazem aflorar à superfície do texto "um interior que pretende conter em si o mundo exterior" e que, justamente por sua opacidade, descrevem "um exterior que exclui de si qualquer espécie de interior"[255].

É do *mínimo vital* de caracteres sígnicos ou verbais que Calvino parte para construir o primeiro de seus romances *inacabados* no romance. O campo lexical utilizado para descrever a pequena estação de província e as sensações da personagem que compõem o seu *romance da neblina* pode exemplificar: pequena estação de província, nuvem de fumaça, páginas embaçadas como os vidros das janelas de um velho trem, noite chuvosa, capote úmido, nuvem de vapor, halo impreciso das lâmpadas, véu de obscuridade e névoa, quarto escuro, poeira de carvão paira no ar, cheiro de

---

[254] CALVINO, I. **O caminho de San Giovanni**. São Paulo: Companhia das Letras, 2000. p. 116.

[255] Ibid., p.110.

fumaça, as frases continuam a mover-se no indeterminado, no cinzento, olhos míopes ou irritados, bar embaçado e brumoso, horas passadas desfalecidas, praça invisível, parede negra da noite, obscuridades, cidade nebulosa, espessidão de chumbo densa e opaca, sombra de perigo, praça escura, escuridão da noite, fio de fumaça, o escuro, brumosa imprecisão (do romance), rosto oculto, rua escura, névoa e escuridão, lembranças (...) flutuam qual fumaça....

Como o autor mesmo diz[256], nesse romance feito "todo de desconfianças e sentimentos confusos" "a realidade é impalpável como a névoa." Mas a opacidade dos signos não suprime no romance os traços que o fazem participar de um campo de visibilidade, segundo uma situação romanesca típica e segundo um esquema, um itinerário delineado no livro, previsto pelo autor[257] como parte inicial de "uma grade de percursos obrigatórios que é a verdadeira força motriz do livro". Embaralhadas numa rede sígnica, palavras e coisas movem-se no indeterminado e na multiplicidade de mundos que se refletem "nos espelhos e invade(m) todos os recantos e interstícios"(p. 20) com os quais "as luzes da estação e as frases que você lê parecem mais incumbidas de dissolver as coisas do que de mostrá-las"(p. 19).

Investida do poder e do risco de dar vida ou morte, a palavra, ao nomear, como na imagem órfica, faz a narrativa avançar enquanto tece personagens como "o homem que se chama 'eu', a respeito do qual você nada sabe, assim como esta estação se chama apenas 'estação' e fora dela não existe nada..." (p.19). O vínculo com o mundo desenvolve-se não nos termos da identificação, à maneira tradicional, mas na *"forma da busca"*[258] por compreendê-lo e dizê-lo, pela qual a multiplicidade de cores, formas, sons, sensações e seres é alcançada. Sem existência *a priori*, "a cidade lá fora ainda não tem nome, não sabemos se ficará fora do romance ou se o conterá inteiro no negrume de sua tinta" (p.21).

---

256 Apêndice da edição brasileira da entrevista dada por Italo Calvino à revista *Alfabeta*, traduzida por Nilson Moulin e publicada junto ao romance **Se um viajante numa noite de inverno** pela Companhia das Letras, 1999. (p.266 e 265).

257 Ibid, p.271.

258 Ibid., p.270.

Se, para Calvino, o mundo que narra ou descreve, em sua infinita variedade e possibilidade, tem sempre um resto, um resíduo, um avesso que impele o escritor em direção ao alhures, uma palavra que se impõe, soberana, ou uma frase inesperada faz a escrita pouco a pouco se tornar o campo de visibilidade desse mundo vivido, pensado ou sonhado. A garantia de alcançarmos esse mundo nos é dada pela capacidade de "fazer brotar cores e formas de um alinhamento de caracteres alfabéticos negros sobre uma página branca..."[259]

À medida que evolui, a própria narrativa expõe o seu jogo metaficcional, enunciando as regras desse jogo. Ora descarna a personagem com o intuito de relativizar sua importância na trama — "devo, isto sim, ser um subordinado, um peão num jogo muito complexo, uma peça pequena numa grande engrenagem, uma peça tão ínfima que nem deveria ser visível; de fato, estava estabelecido que eu passaria por esse lugar sem deixar vestígios..." (p. 22) — ora realça as marcas deixadas por ela na inevitabilidade da enunciação e do jogo intertextual — "...toda palavra pronunciada permanece e pode reaparecer a qualquer momento, com ou sem aspas (p. 22)."

Há cada vez mais nessas digressões a explicitação desse *jogo* que, quanto mais evolui mais cumpre a função não-disjuntiva do romance. Ao mesmo tempo que se auto-designa, a personagem reflete sobre a natureza e o funcionamento da estrutura romanesca. Como sujeito enunciativo, faz o romance avançar em sua complexa e fina rede intertextual, que é diversas vezes explicitada: "Talvez por isso o autor acumule suposições sobre mais suposições, em longos parágrafos, sem diálogos, para que eu possa passar despercebido e sumir numa espessidão de chumbo densa e opaca" (p.22). Como "o romance transcreve fragmentos de conversa" (p. 25), pela voz da personagem as formas da intertextualidade são afirmadas: "toda conversa é a continuação de outra mais antiga." (p. 25).

Auto-referindo-se, esse personagem-narrador explicita as estratégias discursivas pelas quais o romance apresenta sua ambivalência. Como "presença anônima" (p. 22) cuja existência "é só porque" se chama "eu" (p. 22),

[259] CALVINO, 1990b. p.108.

dialoga com o leitor que, estando dentro e fora da narração, é convocado a participar, a identificar-se, a tornar-se cúmplice de um ardil de que nem mesmo a figura do autor escapa. Sabe o leitor apenas que esse personagem se chama *eu*. Isso

> *é suficiente para que possa sentir-se levado a investir parte de si próprio neste eu desconhecido, assim como fez o autor, que, sem ter tido a intenção de falar de si mesmo, decidiu denominar 'eu' sua personagem quase para subtraí-la aos olhares, para não precisar nomeá-la nem descrevê-la, porque qualquer outra denominação ou atributo a teria definido melhor que esse despojado pronome...* (p.22)

Ora subsumindo na narrativa por essa ausência de identificação, que a faz apagar-se como subjetividade, ora irrompendo no texto por esse procedimento metadiscursivo, essa personagem enuncia, dialoga, divaga, questiona. As digressões que faz e a crítica que realiza nutrem-se do poder que a palavra lhe confere pelo simples fato de ser ela o sujeito de uma enunciação.

Ao mesmo tempo que nesse *eu* indistinto se configura a dissolução do sujeito, se vê também entretecida a relação de alteridade que a personagem reivindica para si e para o autor: "até mesmo pelo simples fato de escrever a palavra 'eu', o autor se vê tentado a pôr neste 'eu' um pouco de si próprio, um pouco daquilo que sente ou imagina sentir. Nada mais fácil que identificar-se comigo..." (p. 22). A despeito dessa dissolução ou dessa afirmação de um sujeito em vários *eus* ou por causa delas, a personagem desse romance se autoriza a advertir o leitor. Onisciente dos ardis da estrutura romanesca, alerta-o contra sua captura: "Fique atento: essa certamente é uma estratégia para envolvê-lo pouco a pouco no enredo, para capturá-lo sem que você perceba — uma cilada. Ou talvez o autor ainda esteja indeciso, como de resto você, leitor, ainda não está seguro do que lhe daria mais prazer na leitura..." (p. 20).

Alter ego do autor, essa personagem metalingüisticamente reflete sobre a experiência do romance como gênero: sabendo que cada coisa se remete a um acontecimento passado ou futuro, vê na situação que essa experiência provoca o enredamento do leitor na trama romanesca. Vê principalmente o acontecimento que ela gera e do qual se nutre. Em outras palavras, sabe das condições que levam o próprio romance a produzir-se. Evidencia, com a sua onisciência, que os acontecimentos escapam ao sujeito, seja qual for o seu papel dentro da enunciação. Assim,

> *...se essa situação aparece no princípio de um romance, ela remete para alguma coisa que aconteceu ou que está por vir, e é nessa outra coisa que, tanto para o autor como para o leitor, consiste o risco de identificar-se comigo; quanto mais cinzento, comum e indeterminado for o início deste romance, tanto mais você e o autor sentirão uma sombra de perigo crescer sobre esse fragmento do 'eu' que os dois irrefletidamente investiram no 'eu' de uma personagem cuja história ignoram* (p. 23).

Prosseguem as concepções com as quais o próprio autor, na voz da personagem, vai organizando um sistema conceitual que fundamente uma certa teoria da leitura. Ele diz (p. 25-6):

> *Para ler bem, é preciso registrar tanto o efeito 'burburinho' quanto o efeito 'intenção secreta', que você (assim como eu) ainda não tem condições de captar. Então é necessário que, durante a leitura, você se mantenha simultaneamente distraído e alerta, tanto quanto eu estou absorto (...). E, se agora o romance vai deixando para trás sua brumosa imprecisão e começa a fornecer detalhes do aspecto das pessoas, a sensação que ele quer transmitir a você é a das fisionomias que são vistas pela primeira vez, mas que também parecem ter sido vistas já outras milhares de vezes.*

Das vozes indistintas que, em *burburinho,* assomam no romance, "poderá surgir (...) uma palavra ou frase decisiva para aquilo que vem depois" (p. 25). Construindo-se como uma rede de relações, sentimentos, perspectivas, o romance deixa entrever, pelo número limitado de elementos da página escrita, o diálogo que se estabelece, múltiplo, entre esse sujeito enunciativo que é a personagem — o *duplo* do autor — e o leitor. Alertando, mas também enredando o leitor, esse sujeito afirma:

> *Sua atenção de leitor agora se dirige inteiramente para a mulher; de umas páginas para cá, você a vem rodeando, e* ***eu*** *(ou antes,* **o autor***) também me volto para essa presença feminina. Você está esperando que nas próximas páginas esse simulacro de mulher tome corpo, como acontece aos simulacros femininos nas páginas de livro, e é essa sua expectativa,* ***Leitor****, o que impele o autor para ela..."* (p. 27).

Nota-se, pela primeira vez, a presença do leitor, com quem o narrador mantém diálogo, como personagem de fato. O leitor real do romance de Calvino aqui passa a ser, como materialidade sígnica e estrutural, o Leitor: leitor com nome próprio; personagem que irrompe no texto, sugere, dá-lhe vida. Impele o autor para o que vem depois. Como "os simulacros femininos nas páginas de livros" (p. 27), esse Leitor também toma corpo. Uma vez mais ele é *duplo* no romance: apresentado como virtualidade necessária à escritura, uma vez que o autor dele necessita como modelo ou como leitor ideal[260], tem também corporeidade e, por participar da trama, suas expectativas também a definem e fazem o romance se produzir. É *duplo* porque é simultaneamente *o que se lê e o simulacro daquele que lê*, a coisa e a encenação dessa coisa[261]. Assim como a personagem é do autor o seu *duplo*.

Nesse jogo de presença/ausência, de simulações, se reconhece o caráter ambivalente do romance contemporâneo. Pela caracterização de personagens e por suas virtualidades críticas e estéticas cumpre-se a função e afirma-se o caráter não-disjuntivo do romance. É nessa atitude de auto-implicação e de duplicidade e ambivalência que o romance se movimenta. *Transforma-se.*

Metaforizada pela nostalgia do tempo, a escrita no ***Viajante*** vai formando "o único ponto de contato com o resto do mundo" (p. 24), vai ampliando o seu movimento e instaurando a mudança. Quanto mais pretende expor, designar, indagar sobre o seu poder de fazer o mundo renascer em estado de sentido, mais a linguagem se reduplica, se propaga, se repete, se expande e se *transforma*. Quando opera reflexivamente, a escrita cria um excedente em relação aos sentidos, de modo que o texto, não podendo ser limitado a um sentido, porque este o ultrapassa e lhe escapa, desconstrói-se.

Ao falar do sentido da narrativa e de sua relação com o leitor que lê romances como uma *construção*, o romance de Calvino como criação literária se desconstrói, na medida em que, modificando-se, afirma sua

---

260 (Cf. ECO, U. **Seis passeios pelos bosques da ficção.** São Paulo: Companhia das Letras, 1994).

261 A partir daqui utilizar-se-á o nome Leitor (com maiúscula) sempre que houver referência ao leitor e seu duplo.

intransitividade e se auto-liberta. Dissemina, pois cria um acontecimento que se desvanece, que se dissipa. Pelo jogo incessante da enunciação e do desaparecimento que lhe subjaz, a auto-implicação no romance possibilita a própria criação do romance.

Essa transformação de algo na consciência de algo — do romance na consciência do romance, da leitura na consciência da leitura — atua como um "contradiscurso"[262]. A escrita se caracteriza como um *projeto* e o texto, por seu efeito cognoscitivo de *transformação*, apresenta-se como um método de leitura e de interpretação. O ***Viajante*** de Calvino faz emergir da narração, como um dado cultural, uma reconstituição da narrativa da própria escrita.

Essa reflexividade, que se realiza pela capacidade que a linguagem tem de se situar na falta de tudo e de simultaneamente manter a realidade como aparição, se produz como *jogo* do próprio dizer, para cuja existência requer um autor e um leitor. A linguagem, em sua realidade mais íntima de auto-referencialidade, convoca autor e leitor a participarem desse *jogo*.

III

A leitura, interrompida, obriga o leitor a defrontar-se especularmente com suas próprias reações para descobrir, afinal, nada mais que as idiossincrasias do autor e as referências que minuciosamente definem o texto como uma lenta e elaborada *construção*.

> *É verdade: há motivos que retornam, o texto é tecido por esse vaivém destinado a exprimir a imprecisão do tempo. Você é um leitor sensível a esses refinamentos, pronto a captar as intenções do autor, nada lhe escapa. Mas, ao mesmo tempo, está um pouco desapontado: justamente quando você começava a interessar-se de fato, eis que o autor se acha na obrigação de recorrer a um desses exercícios de virtuosismo próprios dos literatos modernos — repetir um parágrafo tal qual. Como? Um parágrafo?! Mas é uma página inteira, pode cotejar, nem sequer uma vírgula foi mudada! E, depois, o que acontece? Nada, a narração se repete idêntica à das páginas que você leu há pouco!* (p. 32)

---

262 Cf. FOUCAULT, M. Linguagem e literatura. In: MACHADO, R. **Foucault, a filosofia e a literatura**. Rio de Janeiro: Jorge Zahar Ed., 2000.

Não há nessa sutil ironia dirigida aos "*literatos modernos*" também uma homenagem alusiva ao *Pierre Menard* de Borges? Ou, intensificando o jogo intertextual, não arquiteta o autor a crítica de si mesmo como efeito lúdico da intra-textualidade? Surpreendendo, transformando, a ambivalência desse *jogo* mostra que "o que você considerava um rebuscamento estilístico do autor não passa de erro de impressão..." (p. 32). Com minúcias o leitor encontra não o romance que começara a ler, mas o processo de produção do livro que contém o romance e que se apresenta materialmente como um trabalho, como uma construção que supõe matéria, materiais, custos, situações, equívocos, falhas:

> *Na expedição dos últimos lançamentos de nosso catálogo, parte da tiragem do livro **Viajante**, de Italo Calvino, apresenta falhas e deve ser retirada de circulação. Por um erro de encadernação, as folhas do referido volume estão misturadas às de outro livro, o romance **Fora do povoado de Malbork**, do polonês Tatius Bazakbal* (p. 35).

Evidenciando a dependência desse trabalho para o romance existir e diferenciando a obra (o produto) do texto, o narrador convoca novamente o leitor ao diálogo. O Leitor "não vê a hora de voltar a ter entre as mãos um exemplar perfeito do livro que já começou." (p. 34). O narrador incita-o a compreender que *"a leitura do romance"*, assim como o sono, os sonhos e a própria vida, "é um fluxo intermitente e obstruído" (p. 34). A vida não tem sentido nem forma a não ser organizada em discurso, cujos rumos se assemelham, "como quando você começa a ler um livro e ainda não sabe em que direção ele o levará. Você gostaria que se abrissem um espaço e um tempo abstratos, absolutos, onde você se movimentaria seguindo uma trajetória exata e direta..." (p. 34).

Mas *"a desordem geral na paginação"*, responsável pela interrupção do fluxo da narrativa nesse romance particular que seduziu o Leitor, "justamente no melhor da história" (p. 34), produz a ruptura do campo discursivo pelo qual e em torno do qual gravita toda uma variada e multiforme coexistência de seres e elementos do mundo. Rompe-se o fio da narrativa; a diáfana teia da ficção se distende, se fragmenta e também se rompe, e abre espaço à construção de um pensamento da imaginação. Criação e crítica se fundem e organizam esteticamente o mundo que lhes subjaz e que lhes dá sentido.

Simulacro, o leitor impulsivo "joga o livro no chão, poderia atirá-lo pela janela (...), assim as lâminas da persiana triturariam os cadernos incongruentes, e as frases, palavras, morfemas, fonemas se despedaçariam de tal forma que jamais poderiam recompor-se em discurso..." (p. 33). Mas ele não faz nada disso. Ele sabe que o livro só vale como discurso. Sua existência está condicionada ao vazio, a uma ausência em que "o livro seria acolhido pelo não-ser e pelo não-ter-sido"(p. 33). O discurso da ficção se estilhaça para fazer surgir na ruptura do romance a abertura de uma instrução, de um saber. Apresentando o mundo, o discurso se apresenta também a si mesmo como um processo em que os sentidos, do que quer que seja, se criam e se modificam.

Sobre esse sentido do sentido das palavras é que o romance de Calvino se interroga intensa e longamente. Fazendo da experiência da literatura uma reflexão sobre essa experiência, o autor do *Viajante* faz da prática escritural algo que a faz modificar-se. O romance se faz já *transformando-se* durante sua própria escrita. Isso torna a escrita uma experiência vital, um meio de descoberta do poder de afirmar a liberdade da ficção.

É essa liberdade de ficcionalizar que faz surgir em meio aos acontecimentos metadiscursivos de que o leitor participa, "entre duas estantes da livraria" (p. 35), a Leitora, cujas preferências e características serão descritas na forma com que a trama se organiza e em que ambos, Leitor e Leitora, se enredam. "E assim a Leitora faz sua feliz entrada no campo visual de você, Leitor, ou, mais precisamente, no campo de sua atenção. Ou melhor ainda, você é que entrou num campo magnético de cuja atração não pode escapar"(p. 36).

Da leitura do romance interrompido — *o romance da neblina* — nasce o pretexto para que Leitor e Leitora iniciem o diálogo. Um diálogo em que ambos expõem seus gostos, manifestam suas preferências e suas concepções de leitura, suas manias, seus hábitos em relação à leitura, seu prazer de ler e as diferentes situações em que isso ocorre. Instigados pelo narrador, eles se auto-descrevem, simulam, criam expectativas. Sugerem. Enredados na teia de uma ficção que eles ajudam a criar, cada vez mais participam de uma tessitura em que os fios da conversa e os do romance se entrelaçam, reduplicando o real.

Metadiscursivamente o narrador adverte o Leitor: "Você sabe aonde quer chegar, é uma sutilíssima rede a que está lançando" (p. 38). Vale para a trama que envolve as personagens no romance, vale para o texto, *"sutilíssima rede"* que captura o leitor. Os fios se cruzam: "Não é natural que entre Leitor e Leitora se estabeleça através do livro uma solidariedade, uma cumplicidade, uma ligação?" (p. 38). Essa ligação é o que provavelmente produz a finta: duplicando-se, Leitor e Leitora entrelaçam mundo vivido e mundo narrado, introduzindo no texto do romance concepções e experiências de e sobre a leitura que, de outro modo, não poderiam ser ditas. Eles lêem; e enquanto lêem e são lidos vão se produzindo. Mundo vivido e mundo narrado se entrelaçam; crítica e criação se fundem. Advém desses cruzamentos discursivos em que o romance se tece no romance a própria definição do romance e da leitura.

A experiência da leitura se entretece de todas as outras experiências que com ela e por causa dela possam se estabelecer e se ampliar. Inversamente, a vida dela necessita para se afirmar como consciência de si. Construído subjetivamente nessa relação, e a partir da reversibilidade desses dois mundos, o da leitura e o outro, o leitor conhece esse dentro e esse fora que o constituem. É o que diz ao personagem Leitor o narrador (p. 39): "Você pode sair da livraria contente (...) Carrega consigo duas esperanças (...): a primeira proporcionada pelo livro, cuja leitura você espera impacientemente retomar, e a outra contida naquele número de telefone, que encerra a possibilidade de voltar a ouvir as vibrações daquela voz...". Indiferente à vida prática e cotidiana do Leitor, porque o que interessa realmente é quem ele é como leitor, — ou seja, sua *função-leitor* — , o narrador continua (p. 39):

> Seria indiscrição perguntar a você, Leitor, quem você é, qual sua idade, estado civil, profissão, renda. É sua vida, é problema seu. O que conta é seu estado de ânimo neste momento em que, na intimidade de sua casa, tenta restabelecer a calma perfeita para mergulhar no livro.

Nesses fragmentos textuais estão refletidas algumas das condições de produção da leitura: o contexto situacional, o sujeito que lê e seu desejo, o processo histórico-social em que se insere. Paralelamente à história a ser lida pelo Leitor, uma história a ser vivida por ele se anuncia, uma vez que "algo mudou...". "Sua história não é mais solitária", avisa-lhe o narrador (p. 39): "pense na Leitora, que neste exato momento também está abrindo o livro, e eis que ao romance a ser lido se sobrepõe um possível romance a ser vivido..."

Assim como no romance, há ambivalência entre esses mundos. Isso se faz sentir no processo de subjetivação do Leitor, através de quem podemos conhecer as nuances e percepções que sugerem a concepção de leitura inscrita no romance de Calvino:

> *Veja como você está mudado, antes afirmava preferir o livro, coisa sólida, que está ali, bem definida, que se pode desfrutar sem riscos, à experiência vivida, sempre fugaz, descontínua, controversa (...) Nem por isso a leitura exercerá menos influência sobre você; pelo contrário: algo se acrescenta aos poderes dela* (p. 39).

A leitura se tornara para o Leitor do *Viajante*, como de resto sempre é, "um lugar de encontro" (p. 39). E por mais que se tente compreender o leitor, ele se subtrai, pela própria impossibilidade de se prever a multiplicidade de leitores que um livro possa ter. Calvino constrói seus personagens leitores e eles próprios — particularmente Ludmilla — teorizam a leitura. Em meio a relações, atitudes e expectativas, a experiência da leitura apresenta-se como travessia dos mundos da ficção, semelhante, de alguma maneira, à experiência do sonho. A leitura faz a fantasia colaborar com a compreensão.

IV

Interrompido o romance que iniciara, e em cujos segredos pretendia penetrar, depara-se o Leitor com uma nova narrativa em que a busca da exatidão — uma das seis propostas de Calvino — se revela numa meticulosa composição de imagens e num minucioso exercício de descrições indispensáveis à atenção do leitor.

Como um projeto bem calculado, o texto desse novo romance evoca com nitidez imagens visuais, mescla sensações, faz aproximações para caracterizar o ambiente e adquirir sentido. Essa experiência que transforma a linguagem na linguagem das coisas abre "sendas que permitem estabelecer relações com o mundo, gratificações e frustrações no uso da palavra e do silêncio"[263]. O próprio Calvino define essa busca de exatidão como "uma linguagem que seja a mais precisa possível como léxico e em sua capacidade de traduzir as nuanças do pensamento e da imaginação"[264].

O pensamento, o conceito, tanto quanto a imaginação, preenchem e dão consistência ao corpo da ficção. Coisas nomeadas e sensações transmitidas, é no próprio texto que se constata o poder que a palavra tem de reconstituir a fisicidade do mundo. "Quando se abre a página (...) paira no ar (...) uma série de matizes olfativos e cromáticos" (p. 41), percebidos "nessa sinfonia de aromas, sabores e palavras..."(p. 42).

As personagens aparecem no curso do romance, são definidas "segundo seu gesto ou atributo" (p. 42), têm um passado e um futuro, ganham concretude e constroem "relações com as coisas os lugares as pessoas" (p. 44) para que o Leitor, "atento que é" (p. 43), experimente "também o sentido da perda, a vertigem da dissolução" (p. 43) "desde a primeira página, quando, mesmo satisfeito com a precisão da escrita, percebia que na verdade tudo lhe escapava pelos dedos..." (p. 43).

Essa sensação de vertigem e de desaparição como efeito de enunciação deliberadamente corresponde ao esquema traçado pelo autor. Da relação entre *"o mínimo vital"* e *"a busca de plenitude"* que dão início à escrita de seus romances *apócrifos* nasce *"o romance da experiência densa"*[265], o segundo deles, em que as sensações evocadas pela leitura e as descobertas empíricas se produzem pelo esforço das frases para apresentar com precisão o aspecto sensível das coisas.

A enunciação regula o movimento das personagens que entram e saem, e que trazem na construção de sua subjetividade o estranhamento do outro: "um estranho tomava meu lugar, tornava-se eu..." (p. 44); "já

---

263 CALVINO,1990, p. 89.

264 Ibid., p.72.

265 Cf. esquema p.27.

tratava de arrancar qualquer coisa de meu passado para não deixá-lo a meu rival, ao novo eu (...) ou talvez tentasse arrancar do passado desse novo eu um segredo para anexá-lo a meu passado ou a meu futuro" (p. 45). O desaparecimento do eu no outro, "o eu mesmo que desejo subtrair àquele outro..." (p. 46) sugere as identificações construídas, por efeito de verossimilhança, durante a leitura do romance. A mudança de posição das personagens no romance "de sensações densas e sangüíneas" (p. 266), sua constituição e sua dissolução parecem afirmar, como auto-referencialidade, a transformação do próprio romance. Mesclando sensações aos "detalhes físicos que o romance sublinha" (p. 42), a escrita auto-reflexiva de Calvino evidencia, na própria ambivalência do romance, que

> *sempre se defrontou com duas estradas divergentes que correspondem a dois tipos diversos de conhecimento: uma que se move no espaço mental de uma racionalidade desincorporada, em que se podem traçar linhas que conjugam pontos, projeções, formas abstratas, vetores de forças; outra que se move num espaço repleto de objetos e busca criar um equivalente verbal daquele espaço enchendo a página com palavras, num esforço de adequação minuciosa do escrito com o não-escrito, da totalidade do dizível com o não-dizível. São duas pulsões distintas no sentido da exatidão que jamais alcançam a satisfação absoluta: em primeiro lugar, porque as línguas naturais dizem sempre algo* ***mais*** *em relação às linguagens formalizadas, comportam sempre uma quantidade de* ***rumor*** *que perturba a essencialidade da informação; em segundo, porque ao se dar conta da densidade e da continuidade do mundo que nos rodeia, a linguagem se revela lacunosa, fragmentária, diz sempre algo* ***menos*** *com respeito à totalidade do experimentável.* [266]

Transformado em substância e matéria de reflexão e imaginação, mas também transformador, ***Se um viajante numa noite de inverno*** pressupõe em sua urdidura uma definição de escrita que orienta todo o seu percurso ficcional. Mais que isso: a escritura se faz ela mesma conhecimento. Na forma da busca da invenção e do *jogo*, a escritura produz um saber.

---

[266] CALVINO, 1990b, p.88.

V

A escritura instrui um saber: o saber de que a leitura se produz, tal como a escrita, como uma rede impalpável "dentro da qual se podem traçar múltiplos percursos e extrair conclusões multíplices e ramificadas"[267]. Suspensa à espera do leitor, essa rede o atrai e o impele a investir, com sua atitude, suas preferências e expectativas, nas escolhas e na expansão de sua tessitura. "Para avançar na leitura, é preciso um gesto que atravesse a solidez material do livro e dê" ao leitor "o acesso à substância incorpórea dele" (p. 48). O gesto e a atitude do leitor podem "abrir uma passagem com o fio da espada na fronteira das páginas", sugerir "segredos encerrados nas palavras", e fazê-lo avançar "na leitura como quem penetra uma densa floresta"(p. 48). Cabe ao leitor a atividade de variar e combinar indefinidamente as palavras do escritor.

A materialidade e a densidade da leitura e o envolvimento do leitor nesse processo apresentam-se com evidência na escritura de Calvino. De forma extensa e detalhada, o autor faz a descrição da atitude e do interesse do leitor, caracterizando suas reações e expectativas diante do texto do romance: "...eis que, no momento em que sua atenção se mantém em suspenso, no meio de uma frase decisiva, você vira a folha e encontra pela frente duas páginas em branco (...). Sobrevém a impressão de tratar-se de outro livro..." (p. 49). Instaurado o suspense, como estratégia ficcional, nesse romance que se constrói e se entredevora com romances que se interrompem, faz Calvino o texto dizer-se, por um lado, como metáfora de seu próprio processo de produção:

> *Continua a folhear o livro; alternam-se duas páginas brancas com duas páginas impressas. Brancas; impressas; brancas; impressas: e por aí vai até o fim. Os fólios foram estampados de um só lado; depois, dobrados e encadernados como se a impressão estivesse completa* (p. 49).

Por outro lado, na sucessão de acontecimentos que a interrupção do romance gera para o personagem Leitor, ampliam-se as metáforas em torno

[267] CALVINO, 1990b, p.86.

da leitura a partir do jogo dialógico decorrente do interesse do Leitor pela história lida e interrompida e pela Leitora. Trata-se do interesse do leitor pela leitura e pela vida. Inicia-se entre Leitor e Leitora um diálogo dentro do romance que retrata tipicamente os processos de interlocução que a leitura proporciona e a ampliação dos sistemas de referências que cada um constrói à medida que lê. Mas o que mais se evidencia na forma desse metadiscurso é essa função auto-referencial do diálogo no romance, que faz convergir para o seu interior as muitas vozes que dele participam, quer estejam presentes na trama como personagens, quer venham sugeridas de seu exterior.

Não se distingue no *texto* o interesse do Leitor pelo romance que "começara a ler um dia antes e que pôs temporariamente de lado" (p. 57), do seu interesse pela Leitora do romance. Não se distingue no *romance* o interesse pela vida do interesse pela leitura. Eis nessa ambigüidade as nuanças de uma concepção de leitura. Por diferentes vozes essa concepção se manifesta:

> — *...gostaria que as coisas que leio não estivessem todas ali, concretas a ponto de ser tocadas, e sim que se pudesse captar ao redor algo que não se sabe exatamente o que é, o sinal de não sei o quê...*
>
> (...)
>
> — *Muito embora, pensando melhor, haja também aqui um elemento de mistério"* (p. 52).

Ora se vê a Leitora sendo apresentada com aquele perfil de leitor que lê por prazer: "— Ludmilla lê um romance atrás do outro, mas nunca propõe nenhum questionamento. A mim parece uma grande perda de tempo. Você não tem essa impressão?" (p. 51). Ora o narrador, ironicamente, contrapõe a essa concepção uma outra, atribuindo-a a um leitor com outro perfil: "Se você começar a discutir, ela não o largará mais. Já o está convidando para um seminário na universidade, em que os livros são analisados segundo todos os Códigos Conscientes e Inconscientes e no qual são rejeitados todos os Tabus, impostos pelo Sexo, pela Classe Social, pela Cultura Dominante" (p. 51).

Calvino dispensa muita atenção ao leitor. A ele se devem as freqüentes declarações de poética da Leitora Ludmilla. Elas aparecem dispersas no romance para acentuar as expectativas do leitor. Se encadeadas, essas declarações enunciam uma relação entre o desejo de ler e as características com as quais os romances *apócrifos* o satisfazem. Verifica-se que tais declarações trazem uma demanda que é sempre satisfeita pelos romances que as sucedem:

> — *Prefiro os romances (...) que logo me fazem entrar num mundo onde tudo é exato, concreto, bem especificado* (p. 36-7).
> — *Os romances que prefiro (...) são os que transmitem uma sensação de mal-estar desde a primeira página...* (p. 130).
> — *A mim (...) agradam os livros em que todos os mistérios e todas as angústias sejam passadas por uma mente exata e fria, sem sombras, como a de um jogador de xadrez* (p. 161).
> — *Os romances que mais me atraem (...) são aqueles que criam uma ilusão de transparência ao redor de um redemoinho de relações humanas tão obscuro, cruel e perverso quanto possível* (p. 197).

O desejo de ler, expresso pela voz de Ludmilla, e sua realização nos sucessivos romances inseridos impõem calculadamente ao romance um ritmo de procuras e satisfações, de modo que, atendendo à lógica do desejo, cada satisfação provoca uma nova procura. Organiza-se segundo uma lógica geometrizante a estrutura romanesca e, pelas suas leis, essa estrutura alude ao próprio poder da narrativa de seduzir e lançar alhures o objeto de desejo. Nessa cadeia de procuras e realizações, o livro que afinal a Leitora busca "é aquele que transmite a sensação do mundo tal como ele será após o fim do mundo, a sensação de que o mundo é o fim de tudo que existe no mundo, de que a única coisa que existe no mundo é o fim do mundo" (p. 246).

É nessa indecidibilidade que a leitura se condensa e se dispersa. Negando-se a realizar um percurso único, a ter um centro, oferece complementarmente ao texto uma abertura interpretativa. No jogo ilimitado de seu traçado, a leitura atua como *suplemento*, possibilitando ao texto potencializar sua própria trajetória. O romance, graças a essa potência de *transformação*, faz o leitor precipitar-se num jogo interminável de busca e de tentativa de apreensão do real. Esse real é devolvido apenas como sentido. São os obstáculos que permitem ao Leitor do *Viajante* uma experiência de leitura em que o real e a linguagem se defrontam em sua radical ausência.

Vivê-la e pensá-la: nisso consiste a riqueza dessa experiência. Como leitor, a personagem do *Viajante* constata: "Aí está: um romance tão densamente tecido de sensações súbito se apresenta dilacerado por precipícios sem fundo, como se a pretensão de evidenciar a plenitude vital revelasse o vazio subjacente" (p. 49).

VI

Para falar de um mundo em que tudo "parece carregado de significados (...), mensagens, avisos, sinais" (p. 60), o narrador do novo romance que se oferecerá ao Leitor descreve minuciosamente tudo que ao seu redor lhe parece observável e passível de interpretar. Parecendo-lhe, no entanto, impossível de ser totalmente descrito, esse mundo só faz lhe revelar sua ausência e o abismo em que o sujeito se precipita na tentativa de nomeá-lo, descrevê-lo ou explicá-lo. Na relação entre ele e o mundo, algo parece "anunciar um mundo em que o gênero humano desapareceu e as coisas só sabem falar dessa ausência" (p. 62). Então, nessa tentativa inesgotável de fazer o mundo significar, o narrador, *intérprete*, não propriamente nomeia ou descreve; alude! Não condiz esse gesto com o que parece o autor pensar a respeito do papel do leitor?

Referindo-se à aplicação com que a moça, personagem desse terceiro romance, se dedica a desenhar, indica o narrador, com essa metáfora da escrita, "uma busca da perfeição da forma que o mundo pode e deve (...) atingir" (p. 63). Mas, consciente de sua "dificuldade em falar disso de outra maneira que não por alusões" (p. 61), afirma que "a perfeição só se produz por acaso" (p. 63). Não há nessa visão controversa do personagem-narrador um pensamento da *desconstrução* pelo qual "a verdadeira natureza das coisas se revela apenas na ruína"? (p. 63).

Em suas sucessivas tentativas de descrever o mundo, o narrador alude, *interpreta*. Esse *eu* que diz está deliberadamente, pelo esquema de *percursos obrigatórios* traçado por Calvino, voltado para dentro e para fora. Há um *eu* plural que se produz nessa relação. Pode-se pensar nos processos de subjetivação que se instauram nos diferentes contextos de leitura. O *eu "voltado para dentro"* concentra-se num romance introspectivo que o próprio autor denominou *"o romance simbólico-interpretativo"*[268].

A matéria verbal constrói esse mundo a ser interpretado. Escrito em forma de diário, em que a linguagem intimista, introspectiva e alusiva predomina, esse romance tem como objeto, mais que o suspense de uma narrativa, a interpretação. Não a interpretação de algo, mas o *pensamento da interpretação.* Como objeto velado de uma enunciação, desafia a perspicácia do Leitor que lê esse romance, desse leitor que o narrador também é, que compreende "que aquele objeto encerrava uma mensagem (...) e que devia decifrá-la"(p. 68), pois "ali, certamente, escondia-se um significado que [lhe] escapava"(p. 69). Trata-se da advertência de que não se pode viver sem interpretar.

Construindo com o seu diário o seu *duplo,* o narrador nele inscreve ora o *autor* que reflete sobre a natureza e a função da escrita

> *Talvez este diário venha à luz anos e anos depois de minha morte, quando nossa língua terá sofrido quem sabe quais transformações e alguns dos vocábulos e expressões usados por mim correntemente parecerão arcaicos e dúbios no significado. De qualquer modo, quem encontrar este meu diário terá uma vantagem segura sobre mim: com base numa língua escrita, é sempre possível deduzir um vocabulário e uma gramática, isolar frases, transcrevê-las ou parafraseá-las em outro idioma...* (p. 67)

ora o *leitor* que se sente desafiado diante do texto, diante do mundo, diante de si mesmo:

> *...eu tento ler na sucessão das coisas que diariamente se apresentam a mim os propósitos do mundo para com minha pessoa, e sigo tateando, pois sei que não pode existir nenhum vocabulário que traduza em palavras o peso das obscuras alusões que pairam sobre as coisas* (p. 67).

Perscrutando nas palavras o sentido do mundo, tem também a consciência de sua indizibilidade. Sempre sugerindo, o narrador convoca o

---

[268] Cf. esquema p. 27.

leitor não simplesmente a acompanhar uma história, mas a refletir sobre seu sentido e principalmente sobre a maneira de lê-la, de fazê-la significar, de modo a buscar o que realmente interessa na impossibilidade de dizer o real: a própria substância que lhe dá realidade — a escrita. Ele dignifica a escrita quando diz: "Gostaria que essa aura de pressentimentos e dúvidas significasse para o leitor destes escritos não um obstáculo acidental para a compreensão do que escrevo, mas sim a própria substância do que escrevo" (p. 67). E porque há a consciência de que o sentido pretendido sempre nos escapa, ressalta o nosso narrador *duplo* do autor que o que realmente importa nessa tentativa de explicar o mundo é a experiência mesma de tentar dizê-lo. E isso só se produz pela escrita e pela leitura. "E, se a cadeia de meus pensamentos parecer fugidia (...) o importante será que se transmita o esforço que faço para ler nas entrelinhas das coisas o sentido evasivo do que me espera" (p. 67).

Calvino joga com os estereótipos. Aliás, jogo e sugestivas mistificações criam alternativas interpretativas, cuja escolha responde potencialmente pelas experiências de leitura, expectativas e iluminações de cada leitor real que se entregue à aventura de ler o *Viajante.*

Preso ao ardil do romanesco ou, inquiridor, fazendo da experiência da leitura um processo intelectivo, o leitor encontra, já desde o início do romance, revelações do diálogo de Calvino com os clássicos. Há num dos primeiros romances inseridos no *Viajante* — *Fora do povoado de Malbork* — e nos capítulos 3 e 4 claras alusões à **Odisséia**, particularmente ao Canto XI, que amplamente se refere à região da Ciméria, no extremo norte, em que o fenômeno das noites longas sugeria à imaginação de Homero, em sua mitológica consulta aos mortos e em seu espaço poético impregnado de sombras, a existência de uma noite sem fim:

> *Nessa paragem se encontra a cidade dos homens Cimérios,*
> *que se acham sempre envolvidos por nuvens e brumas espessas;*
> *nunca foi dado alcançá-los os raios do Sol resplendente,*
> *nem ao subir, ao vingar ele a estrada do céu estrelado,*
> *nem quando baixa de novo, na volta do céu para a terra.*
> *Noite nociva se estende sem pausa por sobre esses míseros*
> *(HOMERO, 2001, p. 190).*

Da abissal experiência homérica brotam as analogias calvinianas, segundo as quais

> *os livros são os degraus do limiar.... Todos os autores cimérios o atravessaram... Depois começa a língua sem palavras dos mortos, que diz o que só a língua dos mortos consegue dizer. O cimério é a última língua dos vivos.... A língua do limiar! (...) Os livros cimérios são todos inacabados (...) porque é no além que eles continuam... na outra língua, na língua silenciosa à qual remetem todas as palavras dos livros que acreditamos ler* (p. 77).

As referências ao cimérios, ao mundo dos mortos, à língua do limiar retiram da imagem poética das brumas do canto homérico a compreensão de que "todos os livros continuam além..." (p. 77). Poder-se-ia indagar: "Continuam onde? (...) Além de quê?" (p. 77). Possibilitam a Calvino reinventar uma aventura em que "o cimério ainda pode ser considerado língua viva... (...) Está justamente aí o valor dele! (...). O feito de ser uma língua moderna e, ao mesmo tempo, morta... Condição privilegiada, embora ninguém se dê conta..." (p. 57).

Tributário à imortalidade da epopéia de Homero — "Quem ainda se lembra dos cimérios?" (p. 57) —, que continua nas "palavras com as quais se escrevem os livros e se busca inutilmente traduzir aquela primeira língua" (p. 77), Calvino religa tradição e contemporaneidade no interesse existencial que torna a experiência da leitura uma forma de viver. Uma de suas personagens — o professor de literatura ciméria — indaga: "Quem sabe há alguma coisa que os atrai, essa incerteza entre vida e morte...?" (p. 58). Para Segre[269], a leitura das **Geórgicas**, de Virgílio, e das **Metamorfoses**, de Ovídio, teria instigado Calvino a criar uma história que, inspirada na "*dimora del Sonno*"[270] [morada do Sono], falasse da "última língua dos vivos" (p. 77) e entrelaçasse habilmente informações verossímeis acerca de regiões e povos a classificações de línguas inexistentes, criando, com seus *deslocamentos*, uma geografia própria como recurso ficcional.

---

[269] SEGRE, 1984.

[270] Ibid., p. 142.

Calvino faz ouvir o canto de Homero ao multiplicar-lhe as palavras. Sem deixar que se esqueça o *retorno* de algo que já existe antes mesmo de se completar, seu romance nos relembra que cada nova narrativa remete a uma outra narrativa ainda, buscando na *repetição* e na *diferença* a forma do romance: sua forma de celebrar as Odisséias que a Odisséia contém[271]. Ao transformá-la no mito de todas as viagens e em símbolo do retorno-narrativa, o leitor Calvino escreve com a consciência da escrita como possibilidade de "tornar-se sem deixar de ser, ser sem deixar de tornar-se" [272]. Viajante ele próprio, Calvino confirma com sua *travessia*, tal como Ulisses buscara a forma do seu destino, o modo de ser de algo que lhe é muito caro: *leitura* é sempre *releitura*.

VII

Convocados, pelo movimento e pela vontade de plenificação do fazer do *eterno retorno* a acompanhar a leitura do romance que se seguirá à de mais um romance interrompido, os leitores (incluídos aí o Leitor e a Leitora do meta-romance) de imediato "percebem estar (lendo) algo que não tem nenhum ponto de encontro possível com o que fora lido antes". Entre indagadores e cúmplices, Leitor e Leitora prosseguem em sua experiência de leitura como quem kafkianamente percebe que, para um leitor, cada texto precisa ser inacabado, posto que *só pode ser lido porque é inacabado.* Essa incompletude, ou esse *"abandono"*, é que deixa espaço para o trabalho do leitor. Trata-se de ler "nas entrelinhas das coisas o sentido evasivo do que (nos) espera" (p. 67). Leitor e Leitora, em sua tentativa de entender empiricamente *o que* lêem, e *por que* lêem *como* lêem, ou seja, em sua tentativa de refletir sobre o sentido da leitura e sobre o seu valor em suas vidas, nos guiam e partilham essa mesma experiência, que é, antes de tudo, textual.

Em primeiro lugar, eles evidenciam que a leitura do texto literário independe de um *telos* e pode ser lida a partir de qualquer lugar. Fa-

---

[271] CALVINO, 1993b, p. 19.

[272] Id.

zem o texto de Calvino desconstruir-se para mostrar que, como qualquer texto, seu texto parte sempre do texto de outrem. Embaralhando-se propositalmente na tessitura dos romances, a figura do narrador do *Viajante* recorre, dentro dos romances, a narradores-autores com quem entretece certas afinidades. Trazendo textualmente as marcas da alteridade, esse narrador partilha, antes de tudo, a experiência da escrita como *jogo* e como *produtividade*. Da mesma forma como o Leitor partilha com o leitor do metaromance a experiência da leitura.

A explicitação do jogo metaficcional se faz pela voz do próprio narrador, que expõe as particularidades dos diferentes modos de ler. Distinguindo a leitura solitária e silenciosa da leitura feita em voz alta, expondo os limites entre a leitura decifratória, literal, e a prosódica, realçando as nuances da atenção do leitor segundo a velocidade e o ritmo, o narrador comenta os efeitos desse ou daquele modo de ler ao mesmo tempo que define o texto e sugere a flutuação dos sentidos decorrente da sua "margem de indeterminação e provisoriedade" (p. 74). Diz ele (p.74):

> *Escutar alguém que lê em voz alta é muito diferente de ler em silêncio. Quando lemos nós mesmos, podemos parar ou saltar frases: somos nós que determinamos o ritmo. Quando é outra pessoa quem lê, fica difícil fazer coincidir nossa atenção com o ritmo da leitura: a voz segue muito rápida ou muito lenta. (...) O texto, quando somos nós mesmos que o lemos, constitui algo que está ali, com o qual somos obrigados a defrontar-nos...*

Com riqueza de detalhes, diferentes situações de leitura são descritas. Não escapa, pois, à ironia do autor, aquela experiência de leitura pela qual, segundo os parâmetros do funcionamento acadêmico, "para o professor a filologia e a erudição significam mais que a narrativa" (p. 74). A crítica ao academicismo parece indicar a ausência dos sentidos e da emoção (dos afetos) no trabalho interpretativo, do qual estariam excluídos os *traços* e as marcas de subjetividades característicos da leitura. Contrariamente à proximidade e à cumplicidade necessárias na relação texto-leitor, metaforicamente "a pronúncia daquela língua desconhecida, deduzida de regras teóricas, não transmitida pela audição de vozes com suas inflexões individuais, não marcada pelos traços do uso que modela e transforma, adquiria o caráter absoluto de sons que não esperam resposta ..." (p.75). Vendo criticamente em certas práticas acadêmicas uma tentativa de institucionalizar a leitura, corrompendo-lhe o sentido livre e libertador e paralisando-a como jogo ilimitado gerador de significação, Calvino, através de seu *duplo*, o narrador, ironiza:

> *durante a leitura, um deverá sublinhar os reflexos do modo de produção; outro, os processos de reificação; outro, a sublimação do recalque; outro, os códigos semânticos do sexo; outro, as metalinguagens do corpo; outro ainda, a transgressão dos papéis no âmbito público e privado* (p. 81).

Calvino abriga na diafaneidade e no prazer da leitura o valor da *interpretação*. Transforma-a num processo em que *avaliar*, na atuação do intérprete, é ativar as forças, é acrescentar. É sobrepor a *vida* ao *conhecimento* e o *pensamento* à vida. Continuamente. A interpretação seria a forma de pôr o texto para mais e mais produzir-se. O autor não deixa de reconhecer-lhe o valor; ao contrário, atribui à própria *leitura* o estatuto e o *valor* da interpretação. Afirma ele que "aquele invólucro acadêmico só serve para proteger o que o relato diz e não diz, o sopro interior sempre a ponto de perder-se em contato com o ar, o eco de um saber desaparecido que se revela na penumbra e nas alusões silenciadas" (p. 75).

Essa natureza diáfana da leitura parece confirmar uma das intuições de Manguel (1997, p. 55) a respeito da história da leitura: a de que "a linguagem talvez seja em si mesma um absurdo arbitrário, que talvez não possa comunicar nada exceto em sua essência tartamudeante, que talvez dependa quase inteiramente, para existir, não de seus enunciadores, mas de seus intérpretes, e que o papel dos leitores talvez seja tornar visível 'aquilo que a escrita sugere em alusões e sombras'" .

A leitura é, pois, uma prática *afirmativa* e *criadora*. A experiência do leitor manifesta-se como entidade de dupla face: é simultaneamente *efeito* de uma outra experiência que a antecede — a escrita — e que o evoca, e é *produção*. O leitor é lido e lê. É produzido e produz. Pelos efeitos de sentido gerados pela sua presença dentro e fora do texto, constata-se que tanto a evocação do leitor quanto sua aparição (sua participação) no texto rompem os limites entre o ler e o viver. "Você está tão absorto que demora a perceber uma presença a seu lado" (p. 75). Evocado pelo encantamento que a leitura produz, afirmando-a como um valor — "É Ludmilla quem fala, com convicção e calor: (...) Eu gosto de ler, ler de verdade" (p. 77) — o leitor se enreda nos fios indivisíveis do real, do imaginário e do simbólico.

Tanto no desenrolar da trama que entrelaça nas páginas do romance os vários romances com os quais se compõe a história como na construção do Leitor como seu *duplo* o romance se constrói e se desconstrói. Mas para a personagem Leitora, "seu modo de estar no mundo, plena de interesse por aquilo que o mundo pode oferecer-lhe, afasta o abismo egocêntrico do romance suicida que acaba afundando dentro dele mesmo" (p. 77-8). Nesse processo de construção e desconstrução do romance, enquanto lemos a história apresentam-se as condições mesmas de existência e de produção do romance como obra, indispensáveis à sua existência como discurso. Trata-se de uma reflexão, inscrita no contexto da ficção, sobre as complexas relações de produção do romance como livro, sua tradução, difusão e circulação, bem como das questões políticas e ideológicas a elas subjacentes.

O romance produz o *discurso* que por sua vez produz o *romance*. Advém desse processo em que o discurso *fabrica* a obra que encerra o próprio discurso que a produz a *construção em abismo* que torna o leitor inexoravelmente cúmplice da insídia da *escritura*. A própria escrita instaura o desejo e nele inscreve o leitor, presa e ao mesmo tempo artífice dessa forma — a literária — que, insidiosa, delineia seu lugar e o circunscreve nesse espaço. Nisso reside a eficácia da leitura. A construção do romance em *mise-en-abîme* é responsável tanto pelo *fracasso* da leitura — no sentido que lhe é atribuído por De Man da impossibilidade de ler definitiva e completamente — quanto pelo seu *êxito*: sua capacidade inesgotável de produzir.

Disseminando-se, os sentidos são remetidos a um *alhures*, que faz do texto um movimento de *jogo* ilimitado gerador de significação. É nesse *alhures* que o leitor se encontra. Na sutil relação dos sentidos que se desvanecem e se reconstroem, o leitor, como a Leitora, "busca a confirmação de sua necessidade de agarrar-se às coisas como elas são, de ler o que está escrito e nada mais, afastando os fantasmas que fogem por entre os dedos". O leitor entrega-se ao texto, que o acolhe "pelo que exprime e mais ainda pelo que oculta..." (p. 76).

Jogado em espiral, para o Leitor o sonhado aparece mais real, mais desejado e melhor que o vivido. O romance produz a elisão do sujeito tanto quanto confirma a tríade: real, imaginário e simbólico. Encontrando-se, mas também perdendo-se nas iluminações e nos "retraimentos" e "subtrações" (p. 76) do texto, o leitor interrompe, interroga, sucumbe, recorda, e prossegue, mesmo que "talvez tenha sido engolido pelo abismo aberto na brusca interrupção do romance" (p. 76). Mas persiste, e dialoga, aqui no caso, com o narrador, que mais uma vez o adverte: "Você gostaria de escorar-se à beira desse abismo..." (p. 76).

Não está aí implicitamente construída a lógica do *suplemento*, que por sua abertura interpretativa faz da relação entre escrita e leitura uma experiência abissal? Como estatuto mesmo da *escritura*, a *suplementariedade* traz para o campo da leitura aquela mesma experiência de intraduzibilidade que se vê na relação entre mundo e palavra. Os leitores — Leitor e Leitora —

> *já não escutam mais nada. Também sumiram, retiraram-se para um canto, abraçados um ao outro. É essa a resposta de vocês? Querem demonstrar que também os vivos têm uma língua sem palavras, com a qual não se podem escrever livros, que apenas se vive, segundo a segundo, sem registrar nem recordar? Primeiro vem essa língua sem palavras dos corpos vivos ... depois as palavras com as quais se escrevem os livros e se busca inutilmente traduzir aquela primeira língua...* (p.77)

Há nessa intraduzibilidade a pertinência do próprio sentido. Ou dos sentidos, que se produzem na leitura, pela leitura. É esse *alhures* que faz da experiência da leitura um *valor*. A experiência da leitura em *mise-en-abîme* se deve ao fato de que "toda palavra tem sempre um mais-além, sustenta muitas funções, envolve muitos sentidos. Atrás do que diz um discurso, há o que ele quer dizer, e, atrás do que quer dizer, há ainda um outro querer dizer, e nada será nunca esgotado..."[273].

Esse inesgotamento dos sentidos, ou, na concepção derridiana, esse *deslocamento* é o que faz com que, no jogo entre o dito e o não-dito, os sentidos se multipliquem incessantemente até o horizonte infinito da discursividade. O não-dito faz o leitor participar do sentido que lhe é atribuído. O leitor chega tão mais próximo de uma presença quanto mais ele penetra em sua ausência. O silêncio guarda do leitor e do mundo não mais

---

[273] LACAN, J. **Escritos.** São Paulo: Perspectiva, 1978. p. 275.

que os limites dos sentidos que os definem e os confundem. O silêncio seria o sinal essencial da realização das palavras: a marca da sua própria inscrição no mundo. A significação só toma forma na ausência, isto é, no vazio ou na distância entre as coisas e seus nomes.

A palavra seria uma passagem ou uma travessia, que se garantiria pelo seu próprio movimento de substituição e combinação, de *transformação*. Por esse movimento de *transformação*, ou pelo *deslocamento* dos sentidos, a significação produzida pela leitura se constituiria numa trajetória infinita: sempre aludida e sempre provisoriamente. Condenado a essa trajetória, o leitor, quanto mais interpreta mais faz da leitura um *valor* de *suplemento*. Como valor, a leitura afirma. Por se tratar de um discurso, realiza-se, por seu poder de sugerir e por seu caráter de *suplementaridade*, como um processo em que o pensamento se nutre da imaginação que cria a realidade das coisas, de modo que para o Leitor "ainda que o abraço (...) só tenha ocorrido em sua imaginação, ele é sempre um abraço, que pode realizar-se de um momento para outro..." (p. 78).

Se real, imaginário e simbólico se imbricam, é na constitutividade do desejo do leitor e do texto, na relação que os constitui, que isso se manifesta. Posto que no discurso e, portanto, na *escritura*, o desejo se enuncia. Há um desejo inscrito no texto, que se amplia e se modifica à medida que também constitui o desejo do outro: o desejo do leitor. A leitura é, pois, a instância mesma da constituição do desejo. Textos diferentes, leitores diferentes. Eis que o desejo, por seu caráter constitutivo, institui uma escrita da leitura. Isso nos diz o narrador a respeito da Leitora do romance:

> — *Gosto de saber que existem livros que ainda poderei ler — ela diz, certa de que à força de seu desejo devem corresponder objetos existentes, concretos, mesmo que ainda desconhecidos. Como acompanhar o passo dessa mulher, que sempre lê outro livro além daquele que tem diante dos olhos, um livro que ainda não existe, mas que, dado que ela o deseja, não pode deixar de existir?* (p. 78)

Diferentes leituras, diferentes desejos: "— O livro que eu gostaria de ler agora é um romance em que se narre uma história ainda por vir..." (p. 78). O desejo do leitor é constitutivo da leitura. O desejo a produz. Por isso se pode falar que a leitura se escreve. Calvino enuncia, pelas vozes que se entretecem no texto, essa concepção de leitura:

> — *Ler (...) é sempre isto: existe uma coisa que está ali, uma coisa feita de escrita, um objeto sólido, material, que não pode ser mudado; e por meio dele nos defrontamos com algo que não está presente, algo que faz parte do mundo imaterial, invisível, porque é apenas concebível, imaginável, ou porque existiu e não existe mais, porque é passado, perdido, inalcançável, na terra dos mortos ...*
>
> — *Ou talvez algo que não está presente porque não existe ainda, algo de desejado, temido, possível ou impossível (...) Ler é ir ao encontro de algo que está para ser e ninguém sabe ainda o que será ...* (p. 78)

O *alhures*, esse caráter insondável da produção de sentidos que dá à leitura materialidade e imaterialidade, se nos apresenta como o terreno em que todos os desejos estão inscritos: os desejos do leitor, de todos os leitores. Para falar do espaço dessa inscrição, Calvino formula, dentro dos limites do discurso ficcional, uma crítica da leitura.

VIII

Nos interstícios da ficção, "as linhas (...) se enrolam como a corda invisível que nos mantém amarrados ..." (p.93). A cada novo romance que sucede ao que fora interrompido e com o qual são mantidos situações e personagens estrategicamente interligados, enredamo-nos na experiência, não da narrativa propriamente dita, mas da literatura como uma prática.

Desnudando a escrita, descarnando-a em sua corporeidade polimorfa e opaca, Calvino torna o leitor seu cúmplice e tanto mais o enreda quanto mais "aproximando-se do centro da cena as linhas tendem a contorcer-se, a tornar-se sinuosas" (p. 92), para fazê-lo supor, apenas supor, que "no centro desse emaranhado, no coração do drama desse nosso secreto sodalício, está o segredo..." (p. 93).

O que lemos, então, é a própria literatura no instante mesmo em que ela se faz. Entrelaçando os fios com que a literatura se tece enquanto conta uma história à rede que constrói uma crítica da leitura, o autor faz da metáfora do abismo uma busca incessante do vazio de que nasce o discurso. A palavra auto-referenciada, desnudada, mas entretecida nos meandros da ficção, retrata a ausência de que é constituída quando revela que "todo vazio se prolonga no vazio, todo desnível, mesmo mínimo dá em outro desnível, todo precipício desemboca no abismo infinito" (p. 87). Lemos que fora da palavra não há nada e que o esforço para se alcançar o real só se dá pela sua ausência. Pois somente a palavra cria o real. A própria "narrativa deve também esforçar-se para manter o passo, referir um diálogo construído no vazio, réplica por réplica. No tocante ao relato, a ponte não acabou: sob cada palavra existe o nada" (p. 88).

O próprio romance, através da enunciação das estratégias discursivas, organiza essa passagem que permite a reversibilidade e as imbricações entre crítica e criação. Contando uma história e ao mesmo tempo fazendo do próprio discurso uma construção de que depende a existência da história e de todas as coisas, o romance faz-se ele próprio *travessia* entre dois mundos: o nomeado e o não–nomeado; o vivido e o imaginado. Dele o imaginário se nutre para, simbolicamente, capturar o real. O romance metaforiza a própria noção de *escrita*:

> *Talvez este meu relato seja uma ponte no vazio. Ela se faz passando adiante informações, sensações e emoções para criar um fundo de revolvimentos coletivos e individuais, em meio ao qual se possa abrir caminho mesmo permanecendo alheio a muitas circunstâncias históricas ou geográficas. Eu me afasto da profusão de detalhes que cobrem o vazio que não quero ver e avanço num impulso, ao passo que a personagem feminina se detém...* (p. 87)

Há na constituição do próprio texto a explicitação dos elementos necessários à construção da história e das leis que estruturam o romance. São evocações — "Relato esse incidente com todos os detalhes porque (...) todas essas imagens da época deviam atravessar a página tal como os veículos militares cruzam a cidade"(p. 84) —; espaços que se delimitam e personagens que se delineiam — "Todas essas linhas oblíquas, ao cruzarem-se, deviam delimitar o espaço onde Valerian, Irina e eu nos movemos, de modo que nossa história possa aflorar do nada, encontrar um ponto de partida, uma direção, um objetivo." (p. 84) —; descrições e relatos que engendram a narrativa — "os costumeiros veículos militares, ou as costumeiras filas de mulheres diante das lojas, ou as costumeiras passeatas de operários com cartazes, atravessam a praça e a página, separando-nos." (p. 89). "Seguem-se alguns parágrafos repletos de nomes ..." (p. 89).

Para que "nossa história possa aflorar do nada"(p. 85), a escrita refaz-se, no espaço ficcional, de sua própria arbitrariedade, confirmando-se em seu movimento como ausência de um centro e de um valor te(le)ológico. O vazio que todo o tempo a escrita denuncia e recobre é apontado metaforicamente pela personagem feminina desse romance: "— O vazio, o vazio (...), socorro, tenho vertigem..." (p. 86). Assim como o vazio nos remete à *escrita*, a vertigem metaforiza a experiência da leitura. A personagem, por exemplo, "fala da vertigem como de uma tentação que de algum modo a atrai" (p. 88).

Tentação, sedução: é assim que o protagonista se deixa render ao erotismo da leitura: "Eu tentava fugir deslizando com movimentos arrastados rumo ao centro da espiral, onde as linhas se torciam como serpentes (...) numa dança lenta na qual o que importava não era o ritmo, mas o enrolar e o desenrolar de linhas sinuosas" (p. 93). Como as experiências de leitura diferem, as personagens masculina e feminina dialogam:

> — *Nós nos encontramos num sonho (...) Estávamos caindo de uma ponte.*
> — *Não. Cada um tem um sonho diferente.*
> — *E há também aqueles a quem acontece acordar num lugar seguro, como este, protegido de toda vertigem.*
> — *A vertigem está por todo lado (p. 91).*

Ramificando-se dentro da cadeia de histórias como *"o romance político-existencial"*[274], *Sem temer o vento e a vertigem* faz do tema do abismo e da vertigem metáfora da escrita e da leitura.

---

[274] Cf. esquema, p. 27.

IX

A construção do romance em *mise-en-abîme* provoca, como na experiência da vertigem, "interrupção ou reviravolta: nas leituras, na caça ao livro perdido, na identificação dos gostos" (p. 96) da Leitora e do Leitor e seu *duplo*. Ao se auto-referir como uma *construção*, o romance faz de si próprio um objeto de investigação e uma ciência. Como metadiscurso transcende os limites da ficção e institui o campo semiológico por excelência, no qual cada situação, cada experiência, cada personagem "parece ter vindo de um mundo onde ainda.... Não: de um livro em que ainda se encontram ...Aí está: (...) parece ter surgido de um mundo em que ainda se lêem livros...."(p. 101)

Desfazem-se limites entre mundo e livro. O discurso nasce para transformar a vida em literatura e se afirma na *"suspensão da descrença"*, pela qual autores modernos como Borges e Calvino criam para confundir o leitor. Mas, como o Leitor, "talvez encontremos uma pista que nos leve" à explicação de "que mistério existe por trás dessas páginas que passam de um volume a outro"(p. 96). "Deixando para trás as páginas dilaceradas pela análise intelectual", o Leitor "sonha reencontrar uma condição de leitura natural, inocente, primitiva"(p. 97). Enquanto procura "obter um exemplar completo de **Se um viajante numa noite de inverno**", o Leitor, como a Leitora, reconhece que se deixou "iludir pela notícia de que a continuação fora descoberta" (p. 96) e, enredado, enuncia suas concepções e preferências de leitura.

Nessa busca em que mundo narrado e mundo vivido se entrelaçam, a "caçada o apaixona porque é feita com ela, porque podem vivê-la juntos e comentá-la enquanto a vivem." (p. 97). Para eles, Leitor e Leitora, vida e ficção se tornam indivisíveis, e "os verdadeiros autores" eram aqueles que "partilhavam a mesma realidade das personagens e dos lugares mencionados nos livros, que existiam e, ao mesmo tempo, não existiam, como aquelas personagens e aqueles lugares" (p. 105). Assim como ler e viver indistintamente se organizam em teia, trama, o Leitor, enquanto nela se enreda, constrói metadiscursivamente sua própria concepção de leitura; "...procura apropriar-se do romance" (p. 95) ao mesmo tempo que dele participa criticamente:

> — *Desculpe, estou procurando as outras páginas, a continuação.*
> — *A continuação? ... Ah, mas aqui já existe o suficiente para um mês de discussão , não acha?*
> — *Não era para discutir, era para ler (p. 95).*

Corroborada, essa concepção de leitura por prazer se dissemina na polifonia do romance. Os hábitos e as lembranças de uma outra personagem, um editor, vão configurando experiências e perfis de leitores que ampliam a compreensão do prazer da leitura como opção por um modo de viver. Ele diz:

> — *Há tantos anos trabalho em editoras ... Tantos livros passam por minhas mãos ... Mas posso dizer que os leio? Não é isso que chamo leitura ... Em minha cidade havia poucos livros, mas eu lia, como eu lia naquela época! ...Penso sempre que, quando me aposentar, voltarei a minha cidade e tornarei a ler como antes. (...) Esta noite sonhei que estava em minha cidade, no galinheiro de minha casa, procurava alguma coisa ali, no cesto em que as galinhas botam ovos, e o que encontro? Um livro, um dos livros que li quando era jovem (...) Acredita? Quando moço, eu me escondia no galinheiro para ler"* (p.101).

Os perfis de leitor se adensam e se acumulam. "...Os leitores são cada vez mais numerosos, mas pode-se dizer que o número daqueles que usam os livros para produzir outros livros cresce mais depressa que o daqueles que se satisfazem em lê-los e amá-los" (p. 97). Amar os livros: nossa experiência e nosso desejo ampliam a fruição da leitura, tornando-nos mais e mais conscientes de tudo aquilo que, em sua ausência, é tornado real e presente em forma de texto.

> *Às vezes o mundo da página passa para o nosso consciente 'imaginaire' — nosso vocabulário cotidiano de imagens — e então vagamos a esmo naquelas paisagens ficcionais, perdidos de admiração, como Dom Quixote, mas, na maior parte do tempo, pisamos em terra firme. Sabemos que estamos lendo, mesmo quando suspendemos a descrença; sabemos porque lemos mesmo quando não sabemos como, mantendo em nossa mente, a um só tempo, o texto ilusivo e o ato de ler. Lemos para descobrir o final, pelo prazer da história, não pelo prazer da leitura em si. Lemos buscando, como rastreadores, esquecidos de onde estamos. Lemos distraidamente, pulando páginas. Lemos com desprezo,*

admiração, negligência, raiva, paixão, inveja, anelo. Lemos em lufadas de súbito prazer, sem saber o que provocou esse prazer[275].

É pela afirmação de suas preferências de leitura, de sua paixão e de seu desejo de ler, que a Leitora conquista seu lugar de protagonista no romance e se revela como o complexo e fascinante simulacro do *leitor-médio* que Calvino homenageia. Dentre tantas possibilidades,

> *o romance que mais gostaria de ler neste momento — ela explica — é aquele que deveria ter como força motriz o desejo de contar, de acumular história sobre história, sem pretender impor uma visão do mundo, mas apenas fazer você assistir ao crescimento do romance, como uma planta, um entrelaçado de ramos e folhas...* (p. 97).

Pela voz da protagonista Calvino define seu romance. Com seu romance tece sua rede de concepções e referências epistemológicas sobre a leitura, organizando um edifício conceitual favorável à simulação e à construção de uma teoria sobre ela. Inscritas no próprio discurso da ficção, essas concepções e referências se estruturam subliminarmente, diluindo-se nas considerações e reflexões das próprias personagens. São elas que mostram que se transita da vida à ficção, do mundo ao livro, e vice-versa, da mesma forma como entre escrita e leitura há apenas "uma linha limítrofe: de um lado estão aqueles que fazem os livros, do outro, aqueles que os lêem (...) Trata-se de uma linha fronteiriça aproximativa, que tende a desaparecer..." (p. 97). Como alerta a Leitora, ao definir seu perfil de *leitor-médio*, "se ultrapassar esse limite"(p. 97), corre-se o risco do "prazer desinteressado de ler acaba(r) ou se transforma(r) em outra coisa ..."(p. 97).

Enquanto Calvino estabelece essa tênue fronteira entre escrita e leitura em virtude de que "o mundo daqueles que se relacionam profissionalmente com livros é sempre mais populoso e tende a identificar-se com o mundo dos leitores" (p. 97), traça também a distinção entre o que se poderia chamar *função-autor* e *função-leitor*. Identificada com o significado que o trabalho intelectual tem no mundo contemporâneo, a *função-autor* se

---

[275] MANGUEL, A. **Uma história da leitura**. São Paulo: Companhia das Letras, 1997. p. 340.

reveste da ironia com que Calvino vê a relação da criação literária com a cultura. Para o narrador,

> *este é o momento (na história da cultura ocidental) em que aqueles que buscam a realização por meio do papel não são apenas indivíduos isolados, mas também coletividades: seminários de estudo, grupos operacionais, equipes de pesquisa, como se o trabalho intelectual fosse demasiado desolador para ser enfrentado solitariamente. A figura do autor se tornou plural..."* (p.100).

E quanto mais plural mais desaparece. Continua ele sua crítica à influência exercida pelo pensamento acadêmico: "Ondas de falas a que afluem os léxicos de disciplinas e de escolas de pensamento as mais especializadas e exclusivas desabam sobre..." (p.100). A essa perspectiva de adensamento e desaparecimento do autor contrapõe-se a figura do leitor. Para não se deixar confundir, o Leitor se apressa a declarar: "— Sou leitor, apenas leitor, não autor" (p. 101). Se o Leitor e a Leitora, por sua complexidade e seu fascínio, merecem protagonizar o romance de Calvino, auto-implicando-se como *duplo* de seus leitores, também o autor é interpretado em sua ambigüidade. Jogando com a ambigüidade de sua biografia e de sua *função*, distingue Calvino uma e outra para valorizar a segunda: a *função-autor*. O que o personagem-editor

> *considera verdadeiros livros são outros"*, diz o narrador. *"Assim também com os autores: trabalha com eles todos os dias, conhece suas obsessões, suas incertezas, sua suscetibilidade, seu egocentrismo, e todavia os verdadeiros autores (...) são aqueles que não passam de um nome na capa, uma palavra anexada ao título...* (p. 105)

Quanto mais se afirma a *morte* do autor, mais se declara que dele depende a existência de algo — o texto — que configura materialmente a indizibilidade e a construção do mundo. Confere-se à obra uma *assinatura*. Traduzindo, pela escrita de um personagem-suposto-autor, a dimensão imaginária da *morte* do autor e o valor de *assinatura* pelo qual a literatura cria, transforma e pereniza o real, Calvino tanto mais enobrece a *função-leitor* quanto mais confere ao texto seu poder estético e discursivo de *transformação*:

> *Que importa o nome do autor na capa? Vamos nos transportar pela imaginação para daqui a três mil anos. Sabe-se lá quais livros de nossa época terão sobrevivido e quais autores ainda serão lembrados. Haverá livros que continuarão célebres, mas que serão considerados obras anônimas, como é para nós a epopéia de Gilgamesh; haverá autores cujo nome permanecerá célebre, mas dos quais não restará nenhuma obra, como é o caso de Sócrates; ou talvez todos os livros remanescentes sejam então atribuídos a um único e misterioso autor, como Homero"* (p.105).

Desenvolvido como projeto em que a própria escrita ganha relevo e emoldura o que poderia ser o romance do escritor, o ***Viajante*** se destaca por dois personagens-autores: Silas Flannery e Ermes Marana. A ambos são atribuídas características muito específicas. Silas Flannery, autor bem-sucedido, impregna suas narrativas e seu diário (desenvolvidos a partir do capítulo VIII) de reflexões sobre seus anseios de "escrever um livro que possa ser o livro único, capaz de esgotar o todo em suas páginas; ou escrever todos os livros e perseguir o todo por meio de imagens parciais. O livro único, que contém o todo, só poderia ser o texto sagrado, a palavra totalmente revelada" (p. 185). Autor apócrifo, consciente da angústia do ofício de escrever, Flannery constata: "mas não creio que a totalidade possa estar contida na linguagem; meu problema é aquilo que fica de fora, o não-escrito, o não-escrevível. Não me resta outra saída senão escrever todos os livros, escrever os livros de todos os autores possíveis" (p. 185). Flannery faz das relações entre escrita e leitura apanágio de suas reflexões, tentando fazer desaparecer o tempo e o vazio que separam um ato do outro, como se escritor e leitor pudessem alcançar simultaneamente num único gesto aquilo que se pensa e se deseja querer dizer. Como em Borges, a lógica é invertida graças à multidimensionalidade do tempo. A aspiração do autor-personagem, alter ego de Calvino, gira em torno das expectativas que o leitor cria. Sua demanda de comunicação imediata é aquela em que a escrita seria guiada pela leitura numa sucessão programada de procuras e satisfações. No entanto, as expectativas do leitor e o desejo do escritor revestem-se da angústia do vazio e dizem respeito ao conceito de *falta*.

Há uma certa mudança no fluxo da narrativa a partir do capítulo VI. Substitui-se paulatinamente o uso do *você* — referência ao personagem

Leitor – por um esquema de romance epistolar com o personagem-autor Ermes Marana como remetente único.

Ermes Marana, como referência ao deus dos sonhos, alude à complexa rede de intrigas e aventuras típicas de relatos cheios de mistérios e de uma estrutura romanesca hermeticamente constituída, capaz de fazer do engano da literatura realidade. Como escritor, substitui, traduz, falsifica textos (os romances parciais), inventa, ilude e age sobre as personagens e o leitor, celebrando o modo de proceder e a potência irresistível da literatura. Silas Flannery e Ermes Marana são complementares.

X

Ao longo de todo o romance, de uma das alternativas excluídas, bifurcam-se outras duas. Surgem novas histórias: os romances apócrifos. Articuladas às que as antecedem e lhes sucedem, essas histórias formam um esquema que organiza estruturalmente o enredo segundo a concepção geometrizante do romance e que delineia o itinerário do livro. Como desdobramento de uma dessas alternativas, anteriormente abandonada, *"identificação"* e *"estranhamento"* também se relacionam e se ramificam e, da primeira dessas alternativas nasce *"o romance cínico-brutal"*.[276] Nele se entrelaçam episódios insignificantes, relatos secundários e múltiplas pequenas histórias, "que no final se consolidam numa só" (p. 111), e sem que nenhuma delas tenha mais importância que a outra, salta-se de uma história para outra e ao mesmo tempo se continua, com o narrador, sempre "a girar em torno da mesma história e a fugir dela..."(p. 115) pelo simples "prazer de contar e de lembrar..." (p. 115).

Nos termos da investigação, comum na trama policialesca de que parece — apenas parece — revestir-se o romance, o narrador identifica-se com o leitor e encontra na mutabilidade da escrita "o prazer de ver as coisas à distância e narrá-las como fatos do passado"(p. 116), salvando-se única e potencialmente pela possibilidade de narrar, pela descoberta do

[276] Cf. esquema p. 27.

poder da arte de narrar. Calvino faz dessa arte alegoria ao ato de sobrevivência e de criação da palavra escrita. Associando vida e palavra, o autor faz da narração "um espaço cheio de histórias" (p. 113) geometricamente construído de tanto "acumular (...) passados e mais passados, multiplicá-los, e, se uma vida já (...) parecia demasiado densa, ramificada e atrapalhada para levar adiante, imaginem-se então muitas vidas, cada uma com seu passado, mais os passados das outras vidas que não param de interligar-se" (p. 110).

Tudo se entretece e se interliga. O texto se produz metonimicamente no próprio movimento: repetição e continuidade o nutrem. Porém, mais que uma rede exaustiva, o que caracteriza a intertextualidade é a capacidade que cada signo, cada história, tem de convergir e produzir, entrelaçando-se em torno de um horizonte vazio. De modo perspicaz, Ossola[277] vê nesse ponto vazio que organiza a *viagem* que Calvino empreende do mundo externo e da cosmogonia universal ao mundo interior — e que se abre à criação — o fulcro de toda simetria e de toda especularidade. Indaga o crítico[278] se não seriam as imagens especulares e a irredutível duplicidade que caracterizam as narrativas calvinianas capazes de sugerir uma particularíssima "*école du regard*" [escola do olhar].

A concepção geometrizante que Calvino tem da vida e da escrita impõe ao intérprete o desafio da incompletude de sua tarefa. A *interpretação*, se pensada nos termos da sua incompletude, tal como a própria escrita, pode "movimentar-se em todas as direções" (p. 113) e corresponde à mesma "densidade de matéria" (p. 113) de que é formada a narração. Como no "espaço sideral" (p. 113), metaforiza o narrador, para narrar é preciso antes narrar outras sempre novas histórias, de modo que, "pondo em perspectiva tudo o que deixo fora da narrativa principal, vejo uma espécie de floresta que se estende por todos os lados e que, de tão densa, não deixa a luz atravessá-la, uma matéria, em suma, muito mais rica que aquela que decidi pôr em primeiro plano desta vez" (p. 113). Se por um lado frustra-se a expectativa do leitor, deixando-se-lhe tão somente "ecos e reflexos dos fa-

---

[277] OSSOLA, 1987.

[278] Ibid., p. 246.

tos essenciais" (p. 113), por outro pode-se encontrar aí justamente o efeito pretendido pelo autor do livro, que, pela enunciação do narrador, diz tratar-se de uma estratégia, "um expediente da arte de contar" (p. 113), uma regra de sua escolha.

Como força motriz do romance, a arte de narrar é encenada a partir de sua própria *desconstrução*, na medida em que narração e comentário se entrecruzam quase indistintamente e se equivalem como discurso. Diz o narrador (p. 113): "Conto muitas histórias ao mesmo tempo porque desejo que em torno desse relato sinta-se a presença de outras histórias, até o limite da saturação". Confirmando a paradoxal *forma da busca* na arte de narrar até o *limite da saturação*, a escolha de regras e procedimentos segundo uma lógica que organiza geometricamente a narrativa assim se dispõe ao olhar do narrador: "Não é possível trocar o passado, como não é possível trocar de nome..."(p. 111). "Inútil dizer toda vez: 'Que alívio!', fazer o hodômetro voltar a zero, passar o apagador no quadro-negro. Já na manhã seguinte ao dia em que eu chegava a uma nova cidade, o zero se tornava um número de tantos algarismos que não cabia mais no marcador e ocupava o quadro de uma ponta a outra: pessoas, lugares, simpatias, antipatias, passos em falso"(p. 110). O uso de tais regras ou procedimentos abstraídos da geometria amplia de forma ilimitada as substâncias narráveis.

Sempre num tom digressivo, pela voz do narrador Calvino entrelaça suas histórias ao comentário e, enquanto ficcionaliza, reflete sobre a vida, o tempo e a morte. "Partindo de qualquer momento ou lugar"(p. 113), essas histórias, sem uma *origem* ou um *fim*, sem um *telos*, esvaziam qualquer pretensão de se lhes atribuir um sentido último, uma verdade escondida, oferecendo-se na superfície textual como imagens metonímicas que dessacralizam o romance. Pela investigação ficcional especulativa, intensificam e elucidam a ramificação numa série infinita de simulações conceituais, metafóricas e argumentativas de que ele se compõe. Simulacro dos processos de produção e interpretação, o romance "desfaz a aura de mistério da criação"[279].

---

[279] MIRANDA, W. M. O espírito e as gavetas vazias. **Jornal do Brasil**, 18 nov. 1990. Cad. Idéias/Ensaios.

XI

Instigado, o leitor participa de uma trama em que pequenas histórias se entrelaçam e o enredam, fazendo-o reiterar o trabalho textual. Ele perscruta, indaga, filtra sua visão de mundo em experiências e sentimentos, e reconstrói os sentidos do texto de tal forma que se aproxima daquela linha limítrofe muito sutil de que fala Calvino sobre os processos de ler e escrever. "Assalta-o o receio de também ter passado para 'o outro lado', de ter perdido esta relação privilegiada com o livro que só é possível ao leitor" (p. 119). Valoriza-se e cumpre-se a *função-leitor*.

Como quem investiga, o Leitor procura, persegue, tenta de todas as formas capturar o novo e esperado romance — *Numa rede de linhas que se entrelaçam* —, precioso manuscrito supostamente atribuído ao autor fictício Silas Flannery — alter ego de Calvino. Tal investigação dá suporte a toda uma série de situações e estratégias que, na verdade, capturam o leitor. As histórias curtas e paralelas que se criam em torno desse romance regulam procura e mistério e reúnem *traços*, pistas para o que poderia desempenhar uma função importante na estrutura romanesca: a narrativa policial como propulsora do interesse do leitor. Mas esse procedimento no romance é mero pretexto. Percebe-se, com o gosto pela investigação, senão uma influência das estratégias intelectivas e ficcionais utilizadas por Poe, uma homenagem ao escritor norte-americano e a Borges, escritor argentino contemporâneo de Calvino, que o escritor italiano também tanto admirou. A "Organização do Poder Apócrifo"(p. 123), a "equipe de *ghost-writers*" e a OEPHLW (sigla para Organization for the Electronic Production of Homogenized Literary Works) (p. 126), claras alusões à cópia e ao simulacro, ilustram o reconhecimento ao talento desses escritores. À maneira desses autores, Calvino conjuga em sua narrativa, pelo tom dedutivo que nela imprime, o fantástico e o filosófico. Lógica e história se apresentam como elementos irredutíveis de sua poética. Como afirma Ossola[280] (1987) ao se referir ao jogo combinatório na narrativa calviniana, não é propriamente a escrita poética de Calvino que cresce com a trama, mas é ela que a

[280] OSSOLA, 1987.

faz precipitar-se. Com sua prodigiosa e sutil ironia acerca de fatos relativos à produção literária, Calvino faz da narrativa um meio pelo qual o leitor "encontra consolo na insaciável paixão pela leitura..." (p. 127). Descreve-se minuciosamente essa paixão de ler.

Calvino utiliza um dos mais antigos procedimentos na história da narrativa. O próprio autor alude aos contos orientais. Personagens femininas e sedutoras são construídas similarmente à famosa personagem d'**As mil e uma noites**. Jogam com o desejo e seduzem. Como Sheherazade! Mas não narram; lêem histórias! Histórias, sempre muitas histórias a seduzir o leitor. O narrador adivinha o desejo do Leitor: "Você gostaria de saber mais sobre a sultana; seus olhos percorrem com impaciência as folhas de papel aéreo muito fino, como se esperasse vê-la surgir de um momento para outro... Ora, parece que (o autor), ao ter enchido páginas e páginas, foi movido pelo mesmo desejo: persegui-la enquanto ela se esconde... De uma carta para outra, a história se revela cada vez mais complicada" (p. 127). O que parece ser afirmado pelo narrador é a identificação do desejo, a especularidade da relação autor-leitor. A leitura possibilita a fantasia e o *jogo*. Diz Ossola[281]: "tanta profusione di specularità s'infletterà all'interno" [tanta profusão de especularidade se refletirá no interior].

No interior do discurso ficcional explicita-se um dos recursos indispensáveis à narrativa: "o momento que ele mais teme é a queda do suspense que se seguiria ao final do romance" (p. 128). São sugeridas algumas das regras de composição do romance tributárias das narrativas orientais. Propõe-se como particularíssima referência a **As mil e uma noites** "um estratagema inspirado na tradição literária do Oriente: interromper a tradução no ponto mais apaixonante e começar a traduzir outro romance, inserindo-o no primeiro por meio de alguns expedientes rudimentares, como, por exemplo, uma personagem do primeiro romance que abre um livro e começa a lê-lo...Também o segundo romance irá interromper-se e dar lugar a um terceiro romance, que não seguirá muito adiante sem desaguar no quarto romance, e por aí vai..." (p. 128).

Espaço de invenção, o romance estrategicamente faz da *ambivalência* e do *jogo* matéria e lugar privilegiados de conhecimento e descoberta. "O

281 OSSOLA, 1987, p. 250.

livro seria a obra-prima da falsidade como processo de conhecimento" (p. 134). Entregando ou desfazendo fio a fio a armadilha, o leitor "se abandona ao fluxo da leitura como o único ato de vida possível" (p. 129) e "percorre o texto procurando uma explicação" (p. 124). "Diversos sentimentos o agitam enquanto (...) folheia" (p. 129) as páginas do romance. Dentre tantas personagens, pelo olhar do autor fictício observa "uma jovem que numa espreguiçadeira (...) concentra-se na leitura de um livro" (p. 130). Com ele "admira a calma imperturbável de uma jovem encostada a um canto, com os braços cingindo os joelhos flexionados sob a saia comprida, os cabelos caindo sobre o livro que lhe esconde o rosto, a mão despreocupada virando as páginas como se tudo que é essencial fosse decidido ali, no próximo capítulo" (p. 131). Como o Leitor protagonista do romance de Calvino, o leitor "gostaria de estar no lugar dele, de estabelecer essa ligação exclusiva, essa comunhão de ritmo interior que se alcança quando duas pessoas lêem ao mesmo tempo o mesmo livro" (p. 129).

Pelos perfis de leitor configura-se na escrita poética de Calvino o desejo do *desejo do leitor*: o próprio *desejo da escrita.* Essa especularidade ajuda a compreender como o romance opera incessantemente como trabalho de *reescritura* e *cancelamentos* e faz renascer do desejo, no caso, do *desejo do leitor*, a própria *escrita.* A arte narrativa pressupõe o desejo e seu efeito poético depende, de um lado, das operações narrativas construídas por diferentes formas de combinar, permutar e transformar ilimitadamente seu próprio material investindo-o de uma significação inesperada, e de outro, das possibilidades, conscientes ou inconscientes, de o leitor continuar obstinadamente a jogar. Relacionando o poder da fabulação à constituição do desejo e à *mythopoïesis*, Calvino[282] atribui às funções narrativas as diferentes manifestações da cultura. Para o autor, a cultura muda seu sistema de signos a cada "nova iluminação do inconsciente e do interdito"[283], que faz brotar novas invenções e novas formas de dizer. Declara o ensaísta[284]:

---

[282] CALVINO, I. A combinatória e o mito na arte da narrativa. In: _____. **A atualidade do mito**. São Paulo: Duas Cidades, 1977.

[283] Ibid., p. 79.

[284] Ibid., p. 77.

> *O que é um vácuo de linguagem senão o traço de um tabu, de uma interdição de falar de alguma coisa, de pronunciar certas palavras; o traço de uma interdição atual ou antiga? A literatura segue itinerários que costeiam ou transpõem as barreiras das interdições, que levam a dizer o que não podia ser dito; inventar em literatura, é redescobrir palavras e histórias deixadas de lado pela memória coletiva e individual. Por isso o mito age sobre a fábula como uma força repetitiva; ele a obriga a retornar sobre seus passos mesmo quando ela se perde em caminhos que parecem conduzi-la para regiões inteiramente diferentes.*
> *O inconsciente é o mar do não-dizível, do que foi expulso da linguagem, abandonado depois de antigas proibições; o inconsciente fala _ nos lapsos, nos sonhos, nas associações espontâneas _ através das palavras emprestadas, dos símbolos roubados, dos contrabandos lingüísticos, até que a literatura resgate estes territórios e os anexe à linguagem da véspera.*

Redescobrir palavras e histórias: nisso consiste o caráter de *transvaloração* da literatura. Investida de desejo, a literatura age sobre a própria linguagem e sobre o pensamento. Sobre o sentido. De seu *movimento* e de suas *margens* produz-se a força ativa e lúdica da criação: como *devir*, como *eterno retorno.* Por esses processos, histórias e mais histórias são ininterruptamente narradas desde tempos e culturas remotas em que a lendária figura do velho contador de histórias reforçaria miticamente *origem* e *paternidade* como *valores.* Jogando com elementos arquetípicos do pensamento logocêntrico e te(le)ológico da civilização ocidental, Calvino enreda seu leitor quando brinca com a noção de *origem* e propõe a dissolução da imagem do autor, associando Homero, por analogia, à pluralidade da cultura e à existência e multiplicidade das obras literárias. A ele se atribuiriam a permanência e, ao mesmo tempo, a atualidade da literatura. Pela escrita mistificadora do personagem tradutor Ermes Marana, que com suas cartas propicia a Calvino lançar-se em fantásticas fabulações,

> *apurou-se que muitos dos romances publicados por autores famosos haviam sido narrados, palavra por palavra, pela voz catarrosa do 'Pai das Histórias', vários anos antes de terem sido publicados. Segundo alguns, o velho índio seria a fonte universal da matéria narrativa, o magma primordial de que se originam as manifestações individuais de cada escritor; segundo outros, o velho seria um vidente que, sob o efeito de cogumelos alucinógenos, consegue*

> *comunicar-se com o mundo interior dos mais fortes temperamentos visionários e captar-lhes as ondas psíquicas; na opinião de outros ainda, ele seria a reencarnação de Homero, do narrador das Mil e uma noites, do autor do Popol Vuh, bem como de Alexandre Dumas e James Joyce; outros objetam, entretanto, que Homero não tem nenhuma necessidade da metempsicose, pois não morreu coisa nenhuma e continua a viver e compor através dos milênios, sendo autor, além de alguns poemas que normalmente lhe atribuem, de grande parte das mais notáveis narrativas que já se escreveram.*[285]

O romance de Italo Calvino é ele próprio manifestação desse *devir*. Com seu ***Viajante,*** o *escritor-crítico* leitor dos clássicos redescobre palavras e histórias, multiplica-as, amplia seus espaços, para juntá-las à *linguagem da véspera.*

XII

A procura do romance pelo Leitor não é outra coisa senão a procura da narrativa. Por não se atender jamais aquela demanda, o objeto do desejo é relançado para um alhures que não só atrai o leitor mas cria toda uma série de contingências e uma cadeia de acontecimentos que formam um percurso: o percurso do ***Viajante.*** Como "*Numa rede de linhas que se entrelaçam*" (p. 136), histórias se sobrepõem e se interpõem, interligando a *linguagem da véspera* a novas histórias: entrecruzam-se umas às outras. Do *estranhamento* e da perplexidade de que nada pode ser absolutamente dito, pois que não se pode exaurir o desejo e a infinitude do mundo, a narrativa evolui justamente pelo vazio que a encerra. Nasce e progride da impossibilidade de descrever estados de ânimo e sensações, por não alcançar exprimi-los em diferentes e sucessivas metáforas. "Seria preciso que o livro pudesse transmitir (sensações) desde o princípio, não de uma única vez, mas como uma disseminação no espaço e no tempo..."(p. 137).

A narrativa é um *processo de construção*: de uma frase a outra, de uma história a outra, de um livro a outro, arbitrária e anonimamente se constitui, pela constelação de signos, o universo da literatura, organizado simul-

---

[285] CALVINO, 1999, p. 121.

taneamente pela tradição e pela invenção. Assim se define esse universo nas palavras de Calvino[286]:

> *La letteratura non è fatta solo di opere singole ma di biblioteche, sistemi in cui le varie epoche e tradizioni organizzano i testi "canonici" e quelli "apocrifi". All'interno di questi sistemi ogni opera è diversa de come sarebbe se fosse isolata o inserita in un'altra biblioteca. Una biblioteca può avere un catalogo chiuso oppure può tendere a diventare la biblioteca universale ma sempre espandendosi attorno a un nucleo di libri 'canonici'. Ed è il luogo dove risiede il centro di gravità che differenzia una biblioteca dall'altra, più ancora del catalogo. La biblioteca ideale a cui tendo è quella che gravita verso il fuori, verso i libri 'apocrifi', nel senso etimologico della parola, cioè i libri 'nascosti'. La letteratura è ricerca del libro nascosto lontano, che cambia il valore dei libri noti, è la tensione verso il nuovo texto apocrifo da ritrovare o da inventare [A literatura não é feita só de simples obras mas de bibliotecas, sistemas em que as várias épocas e tradições organizam os textos 'canônicos' e aqueles 'apócrifos'. No interior desses sistemas cada obra é diferente de como seria se fosse isolada ou inserida em uma outra biblioteca. Uma biblioteca pode ter um catálogo fechado ou pode tender a se tornar a biblioteca universal mas sempre expandindo-se em torno de um núcleo dos livros 'canônicos'. E é o lugar onde reside o centro de gravidade que diferencia uma biblioteca da outra, mais ainda do catálogo. A biblioteca ideal a que tenho propensão é aquela que gravita para fora, em direção aos livros 'escondidos'. Literatura é procura do livro oculto e distante, que muda o valor dos livros conhecidos, é a tensão para o novo texto apócrifo por redescobrir ou por inventar].*

Como *construção,* a narrativa calviniana se urde da procura do livro oculto e distante que, por inventar-se, instaura o desejo que lhe sobrevém. Traduzir, narrar, mentir, inventar: ligando à história vivida pelo leitor as histórias inventadas, sonhadas, imaginadas, Calvino faz da fabulação um "sem-número de mistérios, de enganos, de disfarces..."(p. 155) pela simples necessidade de fazer "a cadeia dos acontecimentos retomar seu curso"(p. 144) e lavrar na escrita um enigma: o de que "todo desejo traça dentro de nós um desenho..."[287]

---

[286] Calvino, apud OSSOLA, C. L'invisibile e il suo 'dove': "geografia interiore" di Italo Calvino. **Lettere Italiane**, v. 2, p. 220-51, 1987

[287] CALVINO, I. **Um general na biblioteca.** São Paulo: Companhia das Letras, 2001. p. 215.

Não se exclui na urdidura da ficção sua crítica. Ao contrário, explicitam-se as regras de composição do romance quanto mais se dissimula, e mais e mais se adensam as histórias. Os diálogos, construídos no emaranhado de fantasias, identificações e mistificações, ardilosamente mostram para esconder e continuar a jogar. Simultaneamente escondem, sob a máscara da ficção, o pensamento que *quer dizer-se*. Provocando reviravolta no capítulo 7, substitui-se o diálogo com o Leitor (e seu *duplo*) pelo diálogo com a personagem Leitora, o que produz novo *deslocamento*. Instiga o narrador (p. 145):

> *Como é você, Leitora? Já está na hora de que este livro na segunda pessoa (...) também se volte diretamente para você, que fez sua entrada no fim do segundo capítulo como a Terceira Pessoa necessária para que este romance seja um romance, para que entre a Segunda Pessoa masculina e a Terceira Pessoa feminina algo aconteça, tome forma, afirme-se ou deteriore, seguindo as fases da aventura humana. Ou antes: seguindo os modelos mentais através dos quais vivemos a aventura humana. Ou ainda: seguindo os modelos mentais por meio dos quais atribuímos à aventura humana significados que nos permitem vivê-la.*

O narrador confirma e devolve ao autor a prerrogativa de conduzir pela efabulação os destinos das personagens, distinguindo-as no romance conforme o próprio jogo ficcional: "Não pense que o livro o perde de vista, Leitor. O 'você' que se transferiu à Leitora pode, de uma frase para outra, tornar a referir-se a você. Você permanece sempre um dos vocês possíveis"(p. 151). Abre-se ao leitor, na especularidade da relação com o Leitor e a Leitora, a possibilidade de ler e de ser lido. A identificação, possível e necessária, sugere que o fulcro da significação se erige na relação entre leitor e texto, pois "se uma incerteza sistemática quanto à identidade de quem escreve impedisse o leitor de abandonar-se com confiança (...) talvez nada mudasse no exterior do edifício da literatura..." (p. 163). Nisso consiste sua força de *transformação*.

Tendo seus destinos cruzados, Leitor e Leitora ficcionalmente se fazem da acumulação de vida que ambos procuram nos livros e,

> *ao contrário da leitura das páginas escritas, a leitura que os amantes fazem de seus corpos (...) não é linear. Começa de um ponto qualquer, salta, repete-se, retrocede, insiste, ramifica-se em mensagens simultâneas e divergentes, torna a convergir, enfrenta momentos de tédio, vira a página, retoma o fio da meada, perde-se* (p. 160).

Metáfora dessa experiência, "é neste aspecto que o abraço e a leitura se assemelham: o fato de que abrem em seu interior tempos e espaços diferentes do tempo e do espaço mensuráveis" (p. 160).

Assim como o abraço, a experiência da leitura é da ordem do instante e o instante é fora do tempo. Como *acontecimento*, a vida se dá na total entrega ao instante. Como *modo de ser*, a leitura responde ao *jogo* do *eterno recomeçar* da literatura, move-se segundo o desejo e a vontade de plenificação que nela existe, e faz da fecundidade da falta motivo de retorno à *origem*, à *criação*. Como do encontro dos amantes, também do encontro erótico do leitor e do texto derivam outras histórias. Mas, pergunta Calvino (p.157):

> *como determinar o momento exato em que começa uma história? Tudo começou desde sempre, a primeira linha da primeira página de todo romance remete a alguma coisa que já sucedeu fora do livro. Ou então a verdadeira história é aquela que começa dez ou cem páginas adiante, e tudo que a precede não é mais que um prólogo. As vidas dos indivíduos da espécie humana formam um enredo contínuo...*

XIII

A escrita, como a vida, viceja para dar forma aos desejos. Os desejos se inscrevem e se revelam na trama que eles próprios engendram: compõem, como filigranas, um desenho tão sutil que lavra no *eterno recomeçar* da literatura o mistério e a angústia que os ligam à *criação.*

Dentre tantos outros, é "o maior desejo do escritor"(p. 178) que se revela nas sugestivas descrições e nas digressões que o eu protagonista — Silas Flannery/autor fictício — faz em seu diário. Não sendo um narrador qualquer, o alter ego de Calvino, Silas Flannery apresenta-se como sujeito das reflexões sobre autoria e forma um triângulo com o autor e o leitor; por um falso engano, substitui o autor. Ele diz: "Talvez o verdadeiro livro seja este diário" (p. 185). O autor efetivo confere ao eu protagonista algo de si: "O autor de cada livro não é mais que uma personagem fictícia que o autor real inventa transformar em autor de suas ficções"(p. 184). A ânsia de escrever ora como o "escritor atormentado"(p. 177) ora como o "escritor produtivo"(p. 177) que compõem o projeto de história contido no diário de Silas Flannery, organizando o capítulo 8, impõe-lhe a "necessidade de escrever 'com base no verdadeiro'"(p. 176), isto é, escrever não necessariamente o que o leitor espera e ainda "não sabe"(p. 175) — e que justamente por isso faz da leitura uma espera, cujo "vazio suas palavras deveriam preencher"(p. 175) — mas sim escrever aquilo que o leitor *lê* quando lê, *escrever sua leitura.* Colocando-se em seu lugar, o escritor quer escrever simultânea e rigorosamente à semelhança do leitor todo o *texto escrevível* que ele escreveria enquanto lesse, sem deixar escapar nada do mundo e da experiência sensível e inteligível proporcionada pela leitura que não pudesse ser traduzido em escrita.

Como Silas Flannery, Calvino sente que aquilo que escreve já não lhe pertence. Seu desejo é o reflexo do desejo do leitor. Desabafa: "Às vezes sou tomado por um desejo absurdo: que a frase que estou a ponto de escrever seja a mesma que a mulher está lendo naquele exato momento"(p. 174). Divaga, atormentado, em torno da especularidade entre leitura e escrita. Por meio dela dá realce à *função-leitor*:

> *Sento à escrivaninha, de costas para a janela, e eis que sinto por trás de mim um olho que aspira o fluxo das frases, que conduz a narrativa em direções que me escapam. Os leitores são meus vampiros. Sinto uma multidão de leitores que olham por cima de meus ombros e se apropriam das palavras à medida que elas vão se depositando sobre a folha* (p. 175).

A obsessão do escritor gira "em torno da idéia de uma interdependência entre o mundo não escrito e o livro que (...) deveria escrever"(p. 176). Entre eles

> *não pode haver mais que uma espécie de complementaridade: o livro deveria ser a contraparte escrita do mundo não escrito; sua matéria deveria ser aquilo que não existe nem poderia existir, exceto quando for escrito, e do qual se experimenta obscuramente a falta em sua própria incompletude* (p. 176).

Não casualmente Calvino escolhe o romance de Dostoiévsky, **Crime e castigo**, e a figura do copista para desnudar "a angústia do vazio que se abre diante da pena"(p. 182). À imagem de Pierre Menard, *autor* do *Quixote*[288], o copista, intermediário entre escritor e leitor, pode ao mesmo tempo escrever e ler livre da angústia que cada uma dessas atividades implica. Pela metamorfose da leitura, o copista *escreve* e, como o autor, "se dissolve na nuvem de ficções que recobre o mundo com seu invólucro espesso"(p.184). A complementaridade apagaria a *falta*, e aproximaria indissoluvelmente autor e leitor. Ao expressar esse desejo do *texto-escrevível*, Calvino, com suas divagações, faz dissipar-se nas possibilidades estéticas a fronteira entre ler e escrever, entre autoria e interpretação.

Como experiência da *falta*, a escrita calviniana declara "sua ânsia de dar consistência à multiplicidade do escrevível"[289] e demonstra como a literatura está impregnada "dessa antiga ambição de representar a multiplicidade das relações, em ato e potencialidade"[290]. Se as vidas das pessoas, assim como as histórias, formam um "enredo contínuo" (p. 157), o *Viajante* é ele próprio metáfora dessa falta constitutiva que enlaça vidas e histórias, autor e leitor, e realiza com a experiência cognoscível uma *travessia*. Por meio dela a experiência da incompletude se liga inexoravelmente à *criação*. "Escritor de ambições infinitas"[291], característica atribuída a autores que admira, Calvino considera "vãos todos (os) esforços para fugir à vertigem do inumerável"[292] e transforma seu hiper-romance na "apologia do romance como grande rede".[293]

Metonimicamente, o romance se dissemina *"numa rede de linhas que se entrecruzam"*[294] e faz multiplicar o conhecimento, pela variação e pelo *jogo*. Como as imagens especulares que transformam o referido romance apócrifo em metáfora do universo, Calvino constrói seu império de pala-

---

288 BORGES, J. L. **Ficções.** 6. ed. São Paulo: Globo, 1995.

289 CALVINO, 1990b, p. 127

290 Ibid., p. 127.

291 CALVINO, 1990b, p. 113.

292 Id.

293 Ibid., p. 138.

294 Cf. esquema, p. 27.

vras "sobre o mesmo princípio dos caleidoscópios e das máquinas catóptricas"(p. 166). Regido por esse princípio, Calvino descobre artifícios, multiplica pontos de vista, simula alternativas, exerce escolhas. Cada figura e cada ser de sua vasta cultura científica multiplicam-se "segundo a variação do ângulo formado pelos espelhos" (p. 166). O espaço e o tempo são dimensionados no hiper-romance conforme essa multiplicação infinita.

Seguindo a lógica de um *olhar que perscruta* o itinerário do *viajante* e reflete a paixão filosófica do artista, Calvino opta em sua narrativa pela *transparência* dos espelhos e com eles erige, nesse que é propriamente *"o romance lógico-geométrico"* [295] "uma construção rigorosa que se desfaz (...) para ser substituída por outra em que os mesmos elementos convergem num conjunto diferente" (p. 165). Com sua galeria de espelhos e suas máquinas catóptricas dispõe do conhecimento e das palavras para criar. O escritor toma o caleidoscópio metaforicamente como princípio da construção literária, e transforma em matéria-prima de sua narrativa as minúcias do pensamento. As imagens refletidas pelos espelhos formam um labirinto e reverberam não apenas o objeto de seu olhar mas principalmente a própria escrita.

Resulta dessa experiência, de um lado, sua busca obstinada de dar ao romance contemporâneo seu destino: transformar-se em enciclopédia, em *método de conhecimento*, como se enuncia na última conferência do ensaísta a respeito da importância da multiplicidade como rede de conexões entre fatos, pessoas e coisas do mundo.[296] Por outro lado, paradoxalmente, justamente pela irredutível impossibilidade de concluir, Calvino ilustra com a especularidade de sua escrita aquilo que dissera a respeito de Proust: "o mundo dilata-se a tal ponto que se torna inapreensível..."[297]. O romance, sempre *inacabado*, a despeito da "multiplicidade potencial do narrável"[298],

---

[295] C.f. esquema, p. ???

[296] CALVINO, 1990b.

[297] Ibid., p. 126.

[298] Ibid., p. 135.

confirma que, para o escritor, "o conhecimento passa pelo sofrimento dessa inapreensibilidade".[299]

Calvino toma *o universo como espelho*[300] e orienta o pensamento pela profusão de especularidade que assoma em sua escrita. Tanto quanto a infinitude do mundo, a narrativa calviniana, como universo sígnico, espelha a complexidade de "sua própria geografia interior".[301] O *Viajante* deflagra nas miríades de eventos que compõem seus romances *inacabados* e os capítulos que os articulam essa especularidade. Para Segre[302], *Numa rede de linhas que se entrecruzam* é o romance-chave, pois nele a máquina catóptrica simboliza as relações entre micro e macrocosmo. A dimensão onírica amplifica as imagens que dão forma à busca e à realização do artista. Diz o narrador (p. 170):

> *De espelho em espelho — acontece-me às vezes sonhar — a totalidade das coisas, o universo inteiro, a sapiência divina poderiam concentrar enfim seus raios luminosos num único. Ou talvez o conhecimento do todo esteja sepultado na alma e um sistema de espelhos que multiplicasse minha imagem até o infinito e restituísse sua essência numa imagem única me revelasse a alma do todo que se esconde na minha.*

A superfície inexaurível da escrita como reflexo de um pensamento do universo é o fulcro da incansável atividade do escritor, à qual atribui o sentido de arrebatamento e sacralidade revelado em sua mais paradoxal precariedade. As recorrentes considerações sobre o ato da escrita e a fascinação romanesca evidenciam a aguda e exacerbada consciência de sua *vontade* de escrita, que "só na mistificação encontra sua verdade" (p. 184). A própria escrita potencializa sua *vontade* e a angústia de escrever. O escritor, engenhosamente ficcionalizado, se revela na figura da *finta*:

> *Por que não reconhecer que minha insatisfação revela uma ambição desmedida, talvez um delírio megalômano? Ao escritor que deseja anular-se para*

---

299 CALVINO, 1990B, p. 126.

300 Expressão que dá subtítulo a uma d'*As meditações de Palomar*, no livro Palomar de CALVINO, 1994, p. 104.

301 CALVINO, 1994, p. 106.

302 SEGRE, 1984, p. 163.

> *dar a palavra ao que está fora dele, existem dois caminhos: ou escrever um livro que possa ser o único livro, capaz de esgotar o todo em suas páginas; ou escrever todos os livros e perseguir o todo por meio de imagens parciais. O livro único, que contém o todo, só poderia ser o texto sagrado, a palavra totalmente revelada. Mas não creio que a totalidade possa estar contida na linguagem; meu problema é aquilo que fica de fora, o não-escrito, o não-escrevível. Não me resta outra saída senão escrever todos os livros, escrever os livros de todos os autores possíveis* (p. 185).

Dizível e indizível, *dentro* e *fora*: eis a *travessia* da literatura na tentativa de alcançar o *real*. Tal como na *Biblioteca de Babel*, de Borges, a literatura para Calvino deve hipoteticamente conter todas as infinitas possibilidades de transformação da imensidade do não-escrito em *escritura*, seja por meio de todos os livros existentes e possíveis, seja por um único livro com um número infinito de páginas, cuja continuidade se asseguraria pelas *forças* que se ativam com a leitura. *Escritura*, para Calvino, assume ambiguamente o sentido do sagrado, o sentido da palavra que, na página, "torna-se definitiva" (p. 187). Em sua função de completar sentidos, inaugurar outros, prosseguir o pensamento tornando legível a imensidade do não-escrito, o leitor é analogamente referido como o escriba a quem Maomé, ao lhe ditar o texto sagrado do Corão, deixa terminar uma das frases que estava pronunciando inspirado por Alá. Segundo a lenda relembrada por Calvino, tendo o profeta interrompido a frase, "o escriba, instintivamente, sugeriu-lhe a conclusão"(p. 186). Ao escriba, simulacro do leitor, Calvino atribui a responsabilidade da colaboração e "o privilégio de arrematar as frases"(p. 186) para "acolher a fluidez de um pensamento que se escoa exteriormente a todo e qualquer idioma antes de fazer-se palavra..."(p. 186).

Ao tentar preencher o vazio de que se recobrem as coisas do mundo antes de se transformarem em escrita, interessam ao escritor o pensamento da imaginação, "a promessa de um tempo de leitura"(p. 181), a expectativa do livro mais que o próprio livro, a possibilidade, o desejo... Interessam a Calvino trazer o conhecimento do mundo à superfície das coisas — para por meio dela compreender o que está sob — e traçar com a mesma delicada simetria que forma o *cristal* o desenho invisível do universo como "espelho em que podemos contemplar só o que tivermos aprendido a conhecer em nós."[303]

XIV

Na obscuridade do itinerário percorrido, o Leitor descobre que "ninguém mais pode ter certeza do que é verdadeiro, e do que é falso"(p. 216), que "aqui nada é o que parece, tudo tem duas faces"(p. 224) e "se encontra prisioneiro de um sistema em que todo fato da vida é uma falsidade"(p. 219). Em sua viagem leva consigo um novo romance — *"No tapete de folhas iluminadas pela lua"* —, o "romance da perversão"[304]. O romance, como os demais romances *inacabados*, envia o leitor ao real. Essa remessa se potencializa nas *margens* entre ficção e representação, entre mistificação e veracidade: entre criação e crítica.

O tapete que simetricamente Calvino tece com precisas sensações é iluminado com as cores e as formas de sua aguda percepção do que há de infinitamente mínimo e do que há de infinitamente vasto no mundo sujeito ao olhar e à paixão do escritor pelo conhecimento. Disposto a "captar as mínimas sensações no momento em que se delineiam, quando sua limpidez ainda não esmaeceu num feixe de impressões difusas"(p. 204), o eu protagonista contempla, observa, classifica, compara fatos, elementos e sensações para descrevê-los, e realizar, pela escrita, o fascínio do escritor pela investigação.

Manifestam-se no romance indistintamente o interesse pela ciência e pela ficção, bem como procedimentos lógicos e estilísticos para descrever sensações e situações eróticas e especulativas. Tal como os processos de experimentação e pesquisa, o protagonista concentra-se, percebe, verifica, faz correspondências e comparações "para apreciar as (...) sensações simultâneas, distinguindo-as e confrontando" (p. 206) o que elas sugerem. A concentração deveria "subdividir a sensação geral" (p. 212) e "prolongar o estado

[303] CALVINO, 1994, p. 107.

[304] Cf. esquema p. 27.

necessário à própria observação" (p. 213). Prevalece a busca de *exatidão*, uma das propostas de Calvino[305]. Sua fidelidade à idéia de limite se afirma nas analogias e descrições precisas e objetivas. A busca do escritor pela exatidão e pela objetividade não se subtrai ao processo de escolhas e ao sistema de alternativas por definir. Ao contrário, o autor alude à relação análise-síntese de que também se reveste analogamente o ato da leitura. Para Gomes[306], "o rigor abstrato de uma idéia matemática de espaço e de tempo confronta-se com o indefinido e vago flutuar das sensações". O modo como o escritor vê o mundo fundamentado na filosofia e na ciência incide sobre seu processo de escrever. Como efeito de uma economia e de uma lógica estrutural há uma leveza de pensamento da qual se extraem eficácia narrativa e sugestão poética.

Há uma tensão entre vastidão e detalhe, indeterminação e precisão, dito e não-dito. O protagonista compara a experiência especulativa com a leitura de um romance para concluir que, dada sua amplitude e complexidade, "há sempre alguma coisa essencial que permanece fora da frase escrita; aliás, as coisas que o romance não diz são necessariamente mais numerosas que as que ele diz..."(p. 207).

As relações de desejo, satisfação ou insatisfação vividas pelas personagens são descritas e comentadas pelo narrador em primeira pessoa como quem perscruta nas fisionomias "a rede de desejos distintos mas ligados entre si"(p. 208) e compreende, como quem lê um romance, o domínio de "quem estava apertando malha por malha a rede que (o) retinha"(p. 208). A forte tensão erótica é marcada pelo refinamento da descrição das "sensações delicadas"(p. 209). As sensações são imediatamente reelaboradas pelo *pensamento*, que as intensifica. O pensamento geométrico não elimina a sensualidade; ao contrário, como afirma Segre[307], "é la geometria che si carica di erotismo" [é a geometria que se carrega de erotismo]. O próprio episódio da relação erótica está simbolicamente pleno de geometria. O interesse idêntico pela cientificidade e pelo erotismo, expresso em páginas

---

[305] CALVINO, 1990b.

[306] GOMES, 1994, p. 40.

[307] SEGRE, 1984, p. 166.

inteiras de fortes e refinadas sensações, provoca "uma gama de reações variadamente combinadas..."(p. 211).

Para o escritor, o universo simbólico da escrita é uma máscara que esconde o desejo. Isso faz com que, assim como todo sonho, toda literatura seja erótica. O próprio escritor[308] declara: "*The thick symbolic armor beneath which Eros hides is no other than a system of conscious or unconscious shields that separate desire from the representation of it. From this point of view all literature is erotic, just as all dreams are erotic*" [A espessa armadura simbólica sob a qual Eros se esconde não é senão um sistema de escudos conscientes ou inconscientes que separam o desejo de sua representação. Deste ponto de vista toda literatura é erótica, exatamente como todos os sonhos são eróticos].

A aparição de Eros na narrativa calviniana se manifesta na própria sensualidade da escrita. Em sua superfície, a cristalina limpidez recobre o mais profundo mistério. Com clareza e exatidão, a despeito da densidade das sensações, realiza-se com a literatura o próprio encontro erótico entre escrita e leitura, entre sensação e pensamento. O tecido do romance se esgarça para deixar ver, na translúcida superfície, que nele há intensamente um *desejo de pensamento* tanto quanto um *pensamento do desejo*. Só a escrita, para Calvino, pelo seu valor simbólico e sublimatório, pode dar o gozo que não aprisiona. O desejo irrompe no texto; permite ao dizível fazer borda ao indizível. Nesse lugar do inesgotamento e do descontrole dos sentidos é que o discurso de Calvino carrega-se da pregnância do desejo, constituindo-se em seu próprio enigma. Há a emergência de Eros no romance em decorrência da *falta*. Sobre essa presença não declarada do conceito de *pulsão* a narrativa se funda. Por causa dela se enseja mais uma história, suscita-se outro texto. Como declara Gomes[309], "a tensão entre o cristal e a chama reinstaura-se sem cessar. A fixidez e o fechamento são corroídos pela pulsão que arde e consome".

---

[308] CALVINO, I. **The uses of literature**. San Diego: Harcourt Brace & Company, 1986. p. 66.

[309] GOMES, R. **Todas as cidades, a cidade:** literatura e experiência urbana. Rio de Janeiro: Rocco, 1994. p. 62.

XV

Da tensão entre a objetividade racionalizante do gosto de Calvino pela cientificidade e, de outro lado, a fluidez, proliferação e emaranhado de paixões e existências humanas nutre-se o romance. Nele circula a obsessão do escritor para traduzir em escrita o mundo desde *"o fim do mundo"* até *"as origens"*[310]. Com a história de um jovem que procura na remota viagem de volta ao passado sua mãe jamais conhecida, por meio da revelação de um segredo guardado durante anos, *"o romance telúrico-primordial"*[311] busca no próprio sentido da narrativa, sabendo-a vã, a *origem.*

Ao longo da travessia, o protagonista viajante, sempre procurando "reencontrar o caminho de casa" (p. 229), desfia as várias histórias que o conduzem à sua suposta ancestralidade. Tal como o viajante na viagem empreendida, "o relato acerta o passo" (p. 228). Pelos lugares que percorre, *interior e exterior* se redefinem, não mais se separam e se reinscrevem, por uma outra lógica, na superfície da narrativa. Pela voz do protagonista, a narrativa deve dar a sensação de familiaridade e estranheza de tudo quanto possa ser visto pela primeira vez. Revisitada a memória, a narrativa traz imagens que ocupam o vazio. No entanto, "a sombra que envolve a narrativa não parece querer clarear-se"(p. 229). Sem um referente, sem uma *origem*, as *diferenças* coexistem e fazem circular o *jogo* das significações.

Articulando cada romance apócrifo ao capítulo anterior ou subseqüente e fazendo do *Viajante uma grande rede*, Calvino propicia ao leitor, no capítulo 10, o esclarecimento da lógica entre mistificação e elucidação que organiza seu jogo ficcional. Traduzindo-o como uma operação em *mise-en-abîme*, ele diz: "a curiosidade com respeito a uma tarefa 'que acreditamos possa interessar-lhe como leitor', a possibilidade de fingir deixar-se convencer para depois mandar o plano pelos ares, tudo isso o convenceu a aceitar"(p. 238). Aceito o jogo, entremeado de situações de caça ao autor dos romances apócrifos, o leitor descobre que o que está em jogo é o *desejo*

---

[310] Cf. esquema, p. 27.

[311] Cf esquema, p. 27.

da leitura e que "sua satisfação não será plena enquanto não se romper o encantamento das leituras interrompidas"(p. 245).

A leitura reafirma-se como impossibilidade de se alcançar a *origem*, a *verdade*. Enuncia-se recorrentemente a relação entre proibição e desejo: "Podemos impedir que se leia, mas no decreto que proibisse a leitura se leria alguma coisa dessa verdade que não gostaríamos que fosse lida jamais...(...) É preciso que haja sempre alguma coisa que nos escape..." (p. 244).

Opera-se nesse capítulo um retorno ao primeiro romance apócrifo — *"Se um viajante numa noite de inverno"* — com o qual e a partir do qual se desenvolve toda a narrativa e se organiza o romance. Há uma circularidade que faz Calvino expor as *forças* que articulam ilusão e conhecimento como luta, como tensão, entre verdade e falsidade, ficção e realidade. Fazendo da ficção uma forma privilegiada de dar a conhecer pela prestidigitação, o escritor explicita o artifício usado no romance. Pela confissão do autor fictício ao narrador o *jogo* se elucida e mostra os limites do dizível face à incomensurabilidade do mundo e do poder da leitura: "Na leitura ocorre algo sobre o qual não tenho poder"(p. 243).

Acirra-se, no dizer do narrador, o combate:

> *a aposta com a mulher estava perdida havia tempos; ela vencera; com sua leitura sempre curiosa e jamais satisfeita conseguira descobrir verdade oculta até nas falsificações mais descaradas e falsidade sem atenuantes nas palavras que se pretendem mais verdadeiras. O que restava ao nosso ilusionista? Para não romper o último laço que o ligava a essa mulher, ele continuou a semear a confusão entre os títulos, os nomes dos autores, os pseudônimos, as línguas, as traduções, as edições, as capas, os frontispícios, os capítulos, os inícios, os finais, tudo para que ela reconhecesse ali sinais de sua presença, uma saudação sem esperança de resposta* (p. 243).

Ambiguamente *"o mundo acaba"* e *"o mundo continua"*[312] na materialidade da escrita. Em sua incessante busca da linguagem como *origem* para explicar a existência do mundo, Calvino prossegue com seu *Via-*

[312] Cf. esquema, p. 27.

jante e, diante de uma nova encruzilhada, exerce nova escolha que faz do "*romance apocalíptico*" (o último romance apócrifo) inspiração do romance como *eterno retorno.* Coexistem percepções, concepções e valores. O próprio título — *Que história espera seu fim lá embaixo?* — se apresenta como alegoria do mundo feito ruína pelo poder da palavra de o construir e desconstruir, e denuncia sua contradição. Acompanhando o olhar do narrador, "é todo o universo que (...) entrou em fase de transformação..."(p. 253). "Percorrendo esta superfície vazia que é o mundo"(p. 252), descobre-se que sua existência depende da criação, de sua transformação em escrita, pois "o mundo está reduzido a uma folha de papel na qual ninguém consegue escrever mais que palavras abstratas"(p. 255).

O pensamento de Calvino parece orientar-se pelo princípio da *transvaloração.* Assim, diz Segre[313], há um duplo "*movimento dalla concretezza del reale al biancore immateriale delle pagina, e viceversa*" [movimento da concretude do real à brancura imaterial da página, e vice-versa]. Por esse movimento, "*o protagonista cancella, o imagina di cancellare, i palazzi di Leningrado (...), cancella persone e istituzioni, e la natura circostante*"[314] [o protagonista cancela, ou imagina cancelar, os palácios de Leningrado (...), cancela pessoas e instituições, e a natureza circundante]. Tudo se volatiliza com o apagar da tinta. Movimento inverso à multiplicação, tudo agora é cancelamento, *rasura.*

De cancelamento em cancelamento, enriquece-se a expressão calviniana da literatura como mundo a nomear-se, a reconstruir-se em diferentes dimensões de tempo e espaço. Como "os últimos resíduos do mundo desaparecido"(p. 252), o romance corrói a noção do tempo ao referir-se a uma personagem, presente também no romance apócrifo anterior, que é justamente personagem-chave em **Cem anos de solidão**, de Gabriel García Márquez, a quem Calvino homenageia. O tempo, reflete o narrador, aparece como "uma página que se imaginaria arrancada de um romance em língua espanhola com um nome de mulher — Amaranta. Foi há poucos segundos, ou já faz muitos séculos, que tudo cessou de existir?"(p. 252).

---

[313] SEGRE, 1984, p. 164.

[314] Ibid., p. 164.

Acentua-se com esse procedimento o poder transformador da literatura pela pesquisa da unidade na multiplicidade e vice-versa. A escrita de Calvino pode ser compreendida como uma tautologia, como uma construção intensamente marcada da duplicidade de sentido, sobre a qual o próprio escritor se manifesta[315]:

> *La tautologia può essere intesa come un gioco di specchi o come la manifestazione piú incontrovertibile della verità: nell'un caso e nell'altro há il potere d'incantare; basta entrarci e non si vuole piú uscirne. O per meglio dire, le forme d'inesauribile raggiungimento della verità sono due: la tautologia e l'anfibologia... [A tautologia pode ser compreendida como um jogo de espelhos ou como a manifestação mais incotestável da verdade: num caso e no outro há o poder de encantar; basta entrar e não se quer mais sair. Ou para melhor dizer, as formas do inexaurível alcance da verdade são duas: a tautologia e a ambigüidade].*

Em sua inexaurível busca de dar a conhecer pelo poder de encantar que há na literatura, Calvino a ela faz declaração de amor: "Enquanto eu souber que no mundo existe alguém que faça jogos de prestidigitação simplesmente por amor ao jogo, enquanto até souber que há uma mulher que lê por amor à leitura, posso estar seguro de que o mundo continua..." (p. 244).

XVI

O *Viajante* não é a história do viajante protagonista do romance que o leitor ainda busca na biblioteca. É uma metáfora. De romance em romance, de história em história, de lembrança em lembrança, o leitor, ele sim *viajante*, compreende que, para pôr em movimento a imaginação, basta "apenas a promessa da leitura"(p. 259). Para *correr o mundo, girar, aventurar-se*, como explicam as raízes latinas da preposição ***trans*** e do verbo ***vertere*** os sentidos de ***travessia***, o leitor é ele próprio *atravessado* por uma série de visões sobre a multiplicidade de mundos. Como um jogo de espelhos.

---

[315] CALVINO apud SEGRE, 1984, p. 165.

Tautologicamente, Calvino finge e expõe seus artifícios. Abre o *jogo*. Reconhece-se, na estrutura externa do livro — doze capítulos, excluídos os dois últimos, intercalados sempre por um romance *inacabado* — sua geometria. A seqüência dos elementos narráveis forma novo e sugestivo texto, cuja poética, acrescida de um novo título a sugerir novo relato, incita a uma nova narrativa. Se lidos sucessivamente[316], seus títulos, compostos de "segmentos frásticos em decassílabos os primeiros cinco"[317], constituem uma poesia e indicam sempre um outro romance impossível de encontrar. O próprio título do romance abre-se a sugestões poéticas; irradia hipóteses e divagações. Por ser elíptico, o título não fecha nada. O *se* condiciona. O que? Não é dito. Mas espera-se que o leitor possa cerzir esse rasgo fundamental do texto, continuando a narrativa. Ecos da memória reverberam na diáfana frase que intitula o romance, plena de pregnância poética, produzindo um "sentido de suspensão" e um "efeito de irrealidade"[318]. Pelo ritmo e pelo paralelismo sintático e semântico, com referências tanto de natureza condicional quanto temporal, o título do romance parece aludir, pela similitude com o primeiro verso, a um poema de Eugenio Montale, poeta italiano que Calvino admira, que diz:[319]

> *Talvez certa manhã andando em ar de vidro,*
> *árido, virando-me, verei cumprir-se o milagre:*
> *o nada pelas costas, o vazio atrás*
> *de mim, com um terror de embriagado.*
> *Logo, como numa tela, acamparão de súbito*
> *árvores casas morros com o engano de sempre.*
> *Mas será tarde demais; e eu seguirei sem voz*
> *entre os homens que não se voltam, com meu segredo.*

Fazendo do *viajante* metáfora para o leitor, Calvino nos mostra que é possível dar "uma volta ao mundo de um livro a outro" (p. 256).

---

[316] Cf. CALVINO, 1999, p. 261.

[317] SEGRE, 1984, p. 137.

[318] CALVINO, 1993b, p. 218.

[319] CALVINO, I. Eugenio Montale, "Forse un mattino andando". In: ______. **Por que ler os clássicos**. São Paulo: Companhia das Letras, 1993c. p.217.

Ensina que captar uma idéia que o texto propõe, um sentimento, uma dúvida, uma imagem, e saltar de pensamento em pensamento, de imagem em imagem, pode proporcionar ao *viajante* um "itinerário de raciocínios e fantasias"(p. 257). Para Calvino, o livro pode apresentar universos inteiros, que não se consegue esgotar. Porque "mitos e mistérios consistem em grãos impalpáveis como o pólen que adere às patas das borboletas"(p. 258).Quando parece que o jogo está encerrado, que já não há mais nada a acrescentar ao desenvolvimento, o Leitor "se detém um instante para refletir" e, "de modo fulminante, decide que deve casar-se" (p. 262). Com a Leitora.

Crítico ele próprio, Calvino não disputa com a crítica semiológica, com os teóricos e suas descobertas. Ele é escritor. Mas tem domínio e atualidade no que concerne à crítica contemporânea e parece ter considerado os procedimentos postos à luz como uma "caixinha natalícia de brinquedos" com a qual se pôs a jogar.

Cúmplice do autor, o leitor continua a jogar. Está feito o lance de dados. Como "antigamente, a narrativa tinha só dois jeitos de acabar (...). O sentido último ao qual remetiam todos os relatos tinha duas faces: a continuidade da vida, a inevitabilidade da morte". (p. 262) E pelo lance de dados, *o mundo continua...* Por isso, leitor-viajante, é "hora de sua agitada navegação encontrar um ancoradouro. Que porto pode acolhê-lo com maior segurança que uma grande biblioteca?" (p. 256).

Por que não se conclui...

Esta é uma pequena história: história de leitores. Ou seria uma história de autor? Pela mudança de tom, talvez seja apenas a história de uma passagem.

Eis que uma leitora, pensada como personagem dessa história, também pensou sua trajetória como se fosse romance. Indaga, perscruta, identifica-se com outros personagens, se reconhece, passeia pela biblioteca, real ou imaginária, se perde em seus labirintos, e continua, cúmplice, a escrever uma história, que bem poderia ser a sua, de desfecho desconhecido... Implicada no texto que lê, já não sabe se o trai traduzindo, ou se o traduz traindo. Transformada, percebe que também o transforma. E o reescreve.

Seduzida, entrega-se à experiência. Sua história é pré-investida de desejo. Aliás, desejos se enlaçam: o do autor e o da leitora. Como num abraço. Porque o que se quer nessa experiência erótica do texto, nesse enredo que é ele próprio uma erótica da arte de narrar, é a história do desejo, não de um desejo qualquer, mas do desejo que o autor tem do desejo da leitora de ler e de continuar escrevendo a história, *o desejo mesmo de escrita.* Solicitada, a leitora partilha o sentido da experiência da escrita. Com a sua própria e precária experiência. Finge acreditar ou acredita fingir ser (também) autora dessa história. Então inventa, discute, acrescenta e multiplica. Subverte. Seu desejo abre fendas e reconstitui, pelo trabalho de significância, o sentido da narrativa. Fundada no desejo e na angústia partilhada do querer-dizer, sua função é plasmada pela escrita. Enredada na trama dos fios entrelaçados de angústia, perplexidades, surpresas, raciocínios, afetos e desejos, dá-se conta da inevitabilidade do abismo de sua condição. Cores e nuances circunscrevem sua particular visão das coisas e multiplicam, no estilhaçamento da palavra, as possibilidades de ressignificar a vida. Lendo, faz e refaz a trama: armadilha que paradoxalmente a liberta. E continua elaborando, numa transgressão silenciosa, reconhecendo-se justamente naquele resto que a linguagem deixa na sombra, nesse algo que sempre lhe escapa numa história que parece não ter fim.

O texto *não pára de (não) se escrever.* Isso a leitora aprendeu com um desses autores que, de tanto tentar entender, como o Pai, o mistério de nossas mentes, revolucionaram nossos tempos. Então, pensando sempre, intensifica as sensações que a leitura daquele autor preferido lhe proporciona e decide: quer atravessar a fantasia. Quer compreender e determinar a força dessa mentira que ao mesmo tempo seduz e ensina. Quer principalmente determinar a força que dá sentido ao romance. Quer interpretar. Sensível à ambigüidade da linguagem e à inconstância das metáforas e dos sentidos — por isso mesmo plenas de significação — a leitora sucumbe ao fascínio da pergunta e da aventura de vislumbrar novas histórias e novas paisagens: novos campos passíveis de conhecer.

Não tendo tentado capturar nenhuma *verdade*, a leitora se fortalece com e no conflito das interpretações. Não elimina a tensão. Nem o *jogo*. Refaz percursos, traça compassos, permite-se assombros... Lê e suspeita. Descobre-se contando uma outra história: a de um saber que a história implicitamente conta. Descobre-se reescrevendo. Aprende com o sábio contador de histórias que, ao se buscar e se perder na estranheza e na imprevisibilidade dos encontros, se pode realizar o movimento e a festa das significações.

Como o viajante do romance que lê, a leitora sente que leva uma vida dupla: de um lado, relações, atividades e exigências a constituírem seu mundo profissional e pessoal, obnubilando o desejo; de outro, o mundo da leitura e da escrita gradualmente tomando forma, se impondo, revelando-se o tempo todo como a projeção desse mesmo desejo. Experimenta os desafios e as sensações, nos acontecimentos e nas formas do cotidiano, da secreta e feliz clandestinidade dessa vida dupla. Vida dupla porque ela é ao mesmo tempo a heroína da história e é leitora ela mesma do romance, dividida entre os livros, ali, sempre cúmplices, e as atribulações e inquietações do mundo lá fora.

Durante esse trajeto age, toma direção, pára, retoma, ficcionaliza, dialoga, contesta. Reflete. Reflete e escreve. Ao prosseguir, sempre acompanhada em sua travessia pelo autor que escolheu, vive momentos fulgurantes. Num deles, indagada a respeito de sua escolha literária, fora desafiada a responder de forma simples e clara, sem requintes retóricos que pudessem obscurecer sua mais pura vontade. A resposta, no final das contas, seria dada a si mesma: porque Italo Calvino é um pensador. Ainda: porque é um pensador que narra, que sabe contar histórias. Ou que conta histórias como quem medita, como quem contempla lá longe o horizonte infindo. Que conta histórias poetizando a existência. Porque sabe contemporaneamente com sua escrita criar uma estética da existência.

Em outro momento, diante da incomensurabilidade do universo que o escritor lhe apresenta e da imensa dificuldade de finalizar a travessia, percebe, ao tentar concluir, a intricada rede de relações que ligam profundamente sua história pessoal e seu desejo — energia que impulsiona a leitora a continuar a escrever — ao romance que ela lê, ao desejo que aparece na superfície multifacetada e lapidada de *cristal* daquela história que aquele escritor conta. E que a envolve como uma *chama*. Não tendo ficado imune a essa história mas, pelo contrário, implicada nela, a leitora de Calvino quer, e quer tão intensamente estabelecer com o escritor esse elo vital que compõe a cadeia narrativa que estrutura e faz pensar a existência humana, que desenrola, a partir desse ensaio de escrita, o fio narrativo de sua trajetória. Sem final ou, com final desconhecido. Ponto de partida, ou porto de passagem nessa *travessia*, esse estudo deve ser lido como a história traduzida da infância de um desejo. Que se delineia na superfície do texto, pontilhada dos reflexos da *chama* e do brilho do *cristal*, para que a vida — como a arte — possa (se) escrever.

Referências

ALLOUCH, Jean. **Letra a letra**: transcrever, traduzir, transliterar. Tradução de Dulce Duque Estrada. Rio de Janeiro: Companhia de Freud, 1995.

BAKHTIN, M. (Volochinov). **Marxismo e filosofia da linguagem.** Tradução de Michel Lahud e Yara F. Vieira. 4. ed. São Paulo: Hucitec, 1988.

_____. **Estética da criação verbal.** São Paulo: Martins Fontes, 1992. (Coleção Ensino Superior).

BARTHES, R. **O prazer do texto.** Lisboa: Edições 70, [s.d.]. (Signos).

_____. **Aula.** São Paulo: Cultrix, 1978.

_____. **Crítica e verdade.** São Paulo: Perspectiva, 1982. (Debates).

_____. **Elementos de semiologia.** Lisboa: Edições 70, [s.d.]. (Signos).

_____. **Fragmentos de um discurso amoroso.** Lisboa: Edições 70, 1977. (Signos).

_____. **O grau zero da escrita.** Lisboa: Edições 70, [s.d.]. (Signos).

_____. **O rumor da língua.** Tradução de Mário Laranjeira; prefácio de Leyla Perrone-Moisés. Lisboa: Brasiliense, 1988.

_____. **S/Z.** Rio de Janeiro: Nova Fronteira, [s.d.].

BENVENISTE, E. **Problemas de lingüística geral 1.** Tradução de Maria da Glória Novak e Maria Luiza Neri. 3.ed. Campinas: Pontes/ Ed. UNICAMP, 1991. (Linguagem crítica).

BLANCHOT, M. **Le livre à venir.** Paris: Gallimard, 1959. (Collection Folio/ Essais).

BLANCHOT, M. **O espaço literário.** Tradução de Álvaro Cabral. Rio de Janeiro: Rocco, 1987.

_____. **A parte do fogo.** Tradução Ana Maria Scherer. Rio de Janeiro: Rocco, 1997.

BORGES, J. L. **Antologia poética**: 1923/1977. Madrid: Alianza, 1981.

_____. **Borges oral**: conferencias. Buenos Aires: Emecê, 1995.

_____. **O fazedor.** Tradução Rolando Roque da Silva. 5. ed. Rio de Janeiro: Bertrand Brasil, 1995.

_____. **Ficções.** Tradução Carlos Nejar. Prefácio Davi Arrígucce Jr. 6. ed. São Paulo: Globo, 1995.

BORGES, J. L. **Nova antologia pessoal.** Tradução Rolando Roque da Silva. 4. ed. Rio de Janeiro: Bertrand Brasil, 1996.

______. **Siete noches.** Mexico: Fondo de Cultura Económica, 1992.

BRAFFORT, P. **Science et littérature.** [S.1.: s.n.], 2000.

BRAIT, B. (Org.). **Bakhtin, dialogismo e construção do sentido.** Campinas, SP: Ed. UNICAMP, 1997.

CALVINO, I. **Os amores difíceis.** Tradução de Raquel Ramalhete. São Paulo: Companhia das Letras, 1992.

______. A combinatória e o mito na arte da narrativa. In: _____. **A atualidade do mito.** Tradução de Carlos Arthur R. Nascimento. São Paulo: Duas Cidades, 1977.

______. **As cidades invisíveis.** Tradução de Diogo Mainardi. São Paulo: Companhia das Letras, 1990a.

______. **O caminho de San Giovanni.** Tradução de Roberta Barni. São Paulo: Companhia das Letras, 2000.

______. **O castelo dos destinos cruzados.** Tradução Ivo Barroso. São Paulo: Companhia das Letras, 1999.

______. **O cavaleiro inexistente.** Tradução de Nilson Moulin. São Paulo: Companhia das Letras, 1993a.

______. **Fábulas italianas.** Tradução Nelson Moulin. São Paulo: Companhia das Letras, 1995.

______. **Palomar.** Tradução de Ivo Barroso. São Paulo: Companhia das Letras, 1994.

______. **Por que ler os clássicos.** Tradução de Nilson Moulin. São Paulo, 1993b.

______. **Seis propostas para o próximo milênio.** Tradução de Ivo Barroso. São Paulo: Companhia das Letras, 1990b.

______. La letteratura come projezione del desiderio. (Per l'anatomia della critica di Northop Frye). In: _____. **Saggi**: 1945-1985. 2.ed. Milano: Arnoldo Mondadori, 1999. v. 1.

______. **Se um viajante numa noite de inverno.** Tradução de Nilson Moulin. São Paulo: Companhia das Letras, 1999.

______. **Um general na biblioteca.** Tradução de Rosa Freire D'Aguiar. São Paulo: Companhia das Letras, 2001.

____. **The uses of literature.** San Diego: Harcourt Brace & Company, 1986.

CALVINO, I. A palavra escrita e a não-escrita. In: FERREIRA, M.; AMADO, J. (Org.). **Usos e abusos da história oral.** Rio de Janeiro: FGV, 1998.

CARNEIRO, Flávio M. **Entre o cristal e a chama:** ensaios sobre o leitor. Rio de Janeiro. 1996. Tese (Doutorado) — Pontifícia Universidade Católica do Rio de Janeiro, Rio de Janeiro, 1996.

_____. **Entre o cristal e a chama:** ensaios sobre o leitor. Rio de Janeiro: Ed UERJ, 2001.

CADERNO de leitura. Rio de Janeiro: Fundação Biblioteca Nacional/ PROLER, Ano 1, v.1, dez. 1994.

COELHO, M. Lições de Paul De Man, o mestre do pânico. **Folha de São Paulo.** 1 dez. 1996. Mais! Domingo, p. 5

CHARTIER, R. (Org.) **Práticas da leitura.** Tradução de Cristiane Nascimento. Introdução à edição brasileira Alcir Pécora. São Paulo: Estação Liberdade, 1996.

DE MAN, P. **Alegorias da leitura:** linguagem figurativa em Rousseau, Nietzsche, Rilke e Proust. Tradução de Lenita Esteves. Rio de Janeiro: Imago, 1996.

DELEUZE, G. **Nietzsche e a filosofia.** Tradução de Edmundo Fernandes Dias e Ruth Joffily Dias. Rio de Janeiro: Ed. Rio, 1976.

DELEUZE, G.; GUATTARI, F. **O que é a filosofia?** Tradução de Bento Prado Jr. e Alberto Muños. Rio de Janeiro: Ed. 34, 1992.

DERRIDA, J. **A escritura e a diferença.** Tradução de Maria Beatriz Marques Nizza da Silva. São Paulo: Perspectiva, 1995.

_____. **A farmácia de Platão.** Tradução de Rogério da Costa. São Paulo: Iluminuras, 1991a.

_____. **Enlouquecer o subjétil:** pinturas, desenhos e recortes textuais. São Paulo: Ateliê Editorial, 1998.

_____. **Gramatologia.** São Paulo: Perspectiva, 1973.

DERRIDA, J. **Gramatologia.** 2. ed. São Paulo: Perspectiva, 1999.

_____. **Le presque rien de l'imprésentable, de points de suspension; entretiens.** Paris: Galilée, 1992.

_____. **Margens da filosofia.** Tradução de Joaquim Torres Costa e Antônio M. Magalhães. Campinas: Papirus, 1991b.

_____. **Posições.** Lisboa: Plátano, [s.d.].

DOSTOIÉVSKI, Fiódor. **Crime e castigo.** Tradução de Paulo Bezerra. São Paulo: Ed. 34, 2001.

DUCROT, Oswald. **O dizer e o dito.** Revisão técnica da tradução Eduardo Guimarães. Campinas, SP: Pontes, 1987. (Linguagem/crítica)

DUCROT, O.; TODOROV, T. **Dicionário enciclopédico das ciências da linguagem.** 2. ed. São Paulo: Perspectiva, 1988.

EAGLETON, T. **A ideologia da estética.** Tradução de Mauro Sá Rego Costa. Rio de Janeiro: Jorge Zahar, 1993a

_____. **Teoria da literatura:** uma introdução. Tradução Waltencir Dutra. São Paulo: Martins Fontes, 1993b.

ECO, U. **Seis passeios pelos bosques da ficção.** Tradução de Hildegard Feist. São Paulo: Companhia das Letras, 1994.

_____. **Interpretação e superinterpretação.** São Paulo: Martins Fontes, 1993. (Coleção Tópicos).

_____. **Sobre os espelhos e outros ensaios.** Rio de Janeiro: Nova Fronteira, 1989.

ENCICLOPAEDIA Universalis France S.A., 1999.

FOUCAULT, M. **O que é um autor?** Tradução de Antônio Fernando Cascais e Edmundo Cordeiro. Passagens, 1992.

_____. **A arqueologia do saber.** Tradução de Luiz Felipe Baeta Neves. 4. ed. Rio de Janeiro: Forense Universitária, 1995.

_____. **A ordem do discurso.** Tradução de Laura Fraga A. Sampaio. São Paulo: Loyola, 1996.

FREUD, Sigmund. Extratos dos documentos dirigidos a Fliess. In: _____. **Edição standard brasileira das obras psicológicas completas de Sigmund Freud.** Tradução sob direção-geral de Jayme Salomão. 2. ed. Rio de Janeiro: Imago, 1980. v. 1, p. 199-280.

_____. A interpretação dos sonhos (1900). In: _____. **Edição standard brasileira das obras psicológicas completas de Sigmund Freud.** Tradução sob direção-geral de Jayme Salomão. 2. ed. Rio de Janeiro: Imago, 1980. v. 4, p. 1-322.

_____. A interpretação dos sonhos (1900-1901). In: _____. **Edição standard brasileira das obras psicológicas completas de Sigmund Freud.** Tradução sob direção-geral de Jayme Salomão. 2. ed. Rio de Janeiro: Imago, 1980. v. 5, p. 323-667.

FREUD, S. Sobre a psicopatologia da vida cotidiana (1901). In: _____. **Edição standard brasileira das obras psicológicas completas de Sigmund Freud.**

Tradução sob direção-geral de Jayme Salomão. 2. ed. Rio de Janeiro: Imago, 1980. v. 6.

_____. Delírios e sonhos na "Gradiva" de Jensen. (1907). In: _____. **Edição standard brasileira das obras psicológicas completas de Sigmund Freud.** Tradução sob direção-geral de Jayme Salomão. 2. ed. Rio de Janeiro: Imago, 1980. v. 9, p. 17-95.

_____. Escritores criativos e devaneios (1908). In: _____. **Edição standard brasileira das obras psicológicas completas de Sigmund Freud.** Tradução sob direção-geral de Jayme Salomão. 2. ed. Rio de Janeiro: Imago, 1980. v. 9, p. 149-158.

_____. Recordar, repetir e elaborar (1914). In: _____. **Edição standard brasileira das obras psicológicas completas de Sigmund Freud.** Tradução sob direção-geral de Jayme Salomão. 2. ed. Rio de Janeiro: Imago, 1980. v. 12, p. 193-203.

_____. Observações sobre o amor transferencial (1915). In: _____. **Edição standard brasileira das obras psicológicas completas de Sigmund Freud.** Tradução sob direção-geral de Jayme Salomão. 2. ed. Rio de Janeiro: Imago, 1980. v. 12, p. 207-221.

_____. Suplemento metapsicológico à teoria dos sonhos (1917). In: _____. **Edição standard brasileira das obras psicológicas completas de Sigmund Freud.** Tradução sob direção-geral de Jayme Salomão. 2. ed. Rio de Janeiro: Imago, 1980. v. 14, p. 249-267.

_____. Luto e melancolia (1917). In: _____. **Edição standard brasileira das obras psicológicas completas de Sigmund Freud.** Tradução sob direção-geral de Jayme Salomão. 2. ed. Rio de Janeiro: Imago, 1980. v. 14, p. 271-291.

_____. Parte II. Sonhos (1916). In: _____. **Edição standard brasileira das obras psicológicas completas de Sigmund Freud.** Tradução sob direção-geral de Jayme Salomão. 2. ed. Rio de Janeiro: Imago, 1980. v. 15, p. 105-285.

_____. Além do princípio de prazer (1920). In: _____. **Edição standard brasileira das obras psicológicas completas de Sigmund Freud.** Tradução sob direção-geral de Jayme Salomão. 2. ed. Rio de Janeiro: Imago, 1980. v. 18, p. 17-85.

FREUD. S. O futuro de uma ilusão (1927). In: _____. **Edição standard brasileira das obras psicológicas completas de Sigmund Freud.** Tradução sob direção-geral de Jayme Salomão. 2. ed. Rio de Janeiro: Imago, 1980. v. 21, p. 13-71.

_____. O mal-estar na civilização (1930). In: _____. **Edição standard brasileira das obras psicológicas completas de Sigmund Freud.** Tradução sob direção-geral de Jayme Salomão. 2. ed. Rio de Janeiro: Imago, 1980. v. 21, p. 75-279.

GERALDI, J. W. **Portos de passagem.** São Paulo: Martins Fontes, 1991.

GOMES, R. C. **Todas as cidades, a cidade:** literatura e experiência urbana. Rio de Janeiro: Rocco, 1994.

HAAR, M. **L'ouvre d'art:** essai sur l'ontologie des ouvres. Paris: Hatier, 1994.

HEIDEGGER, M. **Carta sobre o humanismo.** Tradução de Rubens Eduardo Frias. São Paulo: Ed. Moraes, 1991.

HOMERO. **Odisséia.** Tradução de Carlos Alberto Nunes. 2. ed. Rio de Janeiro: Ediouro, 2001.

ISER, W. **O ato de leitura:** uma teoria do efeito estético. Tradução de Johannes Kretschmer. São Paulo: ED. 34, 1996.

ISER, W.; YAUSS, H. R. **A literatura e o leitor:** textos de estética da recepção. Tradução e introdução de Luiz Costa Lima. Rio de Janeiro: Paz e Terra, 1979.

KEHL, M. R. Nós, sujeitos literários. **Textura:** revista de psicanálise, v. 1, n. 1, p. 36, 2001.

KOFMAN, S.. **A infância da arte:** uma interpretação da estética freudiana. Tradução de Maria Ignes Duque Estrada. Rio de Janeiro: Relume-Dumará, 1996.

KOYRÉ, A. **Do mundo fechado ao universo infinito.** Tradução de Jorge Pires. Lisboa: Gradiva, [s. d.} (Coleção Trajectos).

KRISTEVA, J. **História da linguagem.** Lisboa: Edições 70, [s.d.]. (Signos).

______. **Introdução à semanálise.** São Paulo: Perspectiva, 1974.

______. **O sol negro:** depressão e melancolia. Rio de Janeiro: Rocco, 1989.

______. **O texto do romance.** Tradução de Manuel Ruas. Lisboa: Horizonte, 1984.

______. O texto e sua ciência. In: **Introdução à semanálise.** São Paulo: Perspectiva, 1974.

LACAN, J. **Escritos.** São Paulo: Perspectiva, 1978.

______. **Seminário da identificação.** Texto inédito.

LAMBOTTE, Marie-Claude. **Estética da melancolia.** Tradução de Procopio Abreu. Rio de Janeiro: Companhia de Freud, 2000.

LUCCI, Maria Luiza de Almeida. **Quando as violetas**. Rio de Janeiro: Fundação Biblioteca Nacional/Proler, 1995.

MACHADO, R. **Foucault, a filosofia e a literatura**. Rio de Janeiro: Jorge Zahar Ed., 2000.

MANGUEL, Alberto. **Uma História da leitura**. Tradução Pedro Maio Soares. São Paulo: Companhia das Letras,1997.

MARX, K. **A ideologia alemã:** teses sobre Feuerbach. São Paulo: Moraes, 1984.

MIRANDA, W. M. A liberdade do pastiche. **34 letras**. Rio de Janeiro, v. 3, p. 172-177, mar. 1989.

______. O espírito e as gavetas vazias. **Jornal do Brasil**. 18 nov. 1990. Cad. Idéias/Ensaios.

NASCIMENTO, E. **Derrida e a literatura:** "notas" de literatura e filosofia nos textos da desconstrução. Niterói: EdUFF, 1999.

NIETZSCHE, F. **Ecce homo**; como alguém se torna o que é. Tradução, notas e posfácio de Paulo César de Souza. São Paulo: Companhia das Letras, 1999.

_____. **A genealogia da moral**. Tradução de José de Meneses. 6. ed. Lisboa: Guimarães, 1992.

_____. **Crepúsculo dos ídolos:** ou como se filosofa com o martelo. Lisboa: Edições 70, [s.d.]. (Textos Filosóficos)

_____. **Humano, demasiado humano**: um livro para espíritos livres. Tradução, notas e posfácio de Paulo César de Souza. São Paulo: Companhia das Letras, 2000.

ORLANDI, E. P. **Discurso e leitura.** São Paulo: Cortez, 1988. (Coleção Passando a Limpo).

______. Dispositivos da interpretação. In: _____. **Leitura e interpretação.** Rio de Janeiro: FBN/PROLER, 1995. (Ler e Pensar)

______. **A linguagem e seu funcionamento**: as formas do discurso. São Paulo: Brasiliense, 1983.

OSSOLA, Carlo. L'invisibile e il uso 'dove': "geografia interiore"de Italo Calvino. **Lettere Italiane**, v. 2, p. 220-251, 1987.

PAZ, Otávio. **Signos em rotação**. São Paulo: Perspectiva,1990.

PERRONE-MOISÉS, L. **Altas literaturas**; escolha e valor na obra crítica e escritores modernos. São Paulo: Companhia das Letras, 1998.

PINO, C. A. A criação na crítica e a crítica na criação. **Manuscrítica Revista de Crítica Genética** 7. São Paulo, Anna Blume, p. 111-134, mar. 1998.

PLATÃO. **Diálogos:** Mênon-Banquete-Fedro. Tradução de Jorge Paleikat. Rio de Janeiro: Ediouro, [s.d.].

POSSENTI, S. **Discurso, estilo e subjetividade.** São Paulo: Martins Fontes, 1988.

QUENEAU, R. **I fiori blu.** Tradução de Italo Calvino. Torino: Giulio Einaudi, 1967.

REIS, C.; LOPES, A. C. M. **Dicionário de narratologia.** Coimbra: Almedina, 1998.

______. **Dicionário de teoria da narrativa.** São Paulo: Ática, 1988.

RICOEUR, P. **Da interpretação:** ensaio sobre Freud. Direção de Jayme Salomão. Rio de Janeiro: Imago, 1997.

RICOEUR, P. **Interpretação e ideologias.** Organização, tradução e apresentação Hilton Japiassu. Rio de Janeiro: Francisco Alves, 1983.

ROSA, J. G. **Grande sertão: veredas.** Rio de Janeiro: Nova Aguilar, 1994.

SANTIAGO, S. **Desconstrução e descentramento.** Rio de Janeiro: Francisco Alves, 1976.

SANTOS, Roberto Corrêa. **Para uma teoria da interpretação:** semiologia, literatura e interdisciplinaridade. Rio de Janeiro: Forense Universitária, 1989.

______. **Imaginação e traço.** Belo Horizonte: Edições 2 Luas, 2000.

______. **Modos de saber, modos de adoecer:** o corpo, a arte, o estilo, a história, a vida, o exterior. Belo Horizonte: Ed. UFMG, 1999.

______. **Tais superfícies:** estética e semiologia. Rio de Janeiro: Roberto Corrêa dos Santos, 1998.

SEGRE, Cesare. **Teatro e romanzo.** Torino: Einaudi, 1984.

SIMPÓSIO NACIONAL DE LEITURA. **Leitura, saber e cidadania.** Rio de Janeiro: Fundaç ão Biblioteca Nacional/Centro Cultural Banco do Brasil, 1994.

SOLER, C. **A psicanálise na civilização.** Tradução de Vera Avellar Ribeiro e Manoel Barros de Motta. Rio de Janeiro: Contra Capa, 1998.

SONTAG, S. **Contra a interpretação.** Porto Alegre: L&PM, 1987.

______. **Sob o signo de Saturno.** Porto Alegre: L&PM, 1986.

TODOROV, Tzvetan. La lecture comme construction. In: ______. **Poétique de la prose**; nouvelles recherches sur le récit. Paris: Édition du Seuil, 1971.

TODOROV, Tzvetan. Les Hommes-récits: Les Milles et une Nuits. In: ______. **Poétique de la prose.** Paris: Seuil, 1978.

VALÉRY, P. **A alma e a dança e outros diálogos**. Apresentação e tradução de Marcelo Coelho. Rio de Janeiro: Imago, 1996. (Coleção Lazuli).

_____. **Ouvres**. Paris: Gallimard, 1957. v. 1.

VAZ, Paulo Bernardo; OLINTO, Heidrun Krieger; DAUSTER, Tania. **Leitura e leitores**. 2. ed. Rio de Janeiro: Fundação Biblioteca Nacional/ PROLER, 1995.

YAGUELLO, Marina. **Alice no país da linguagem**; para compreender a lingüística. Tradução de Maria José Figueiredo. Lisboa: Editorial Estampa, 1997.

Anexo A

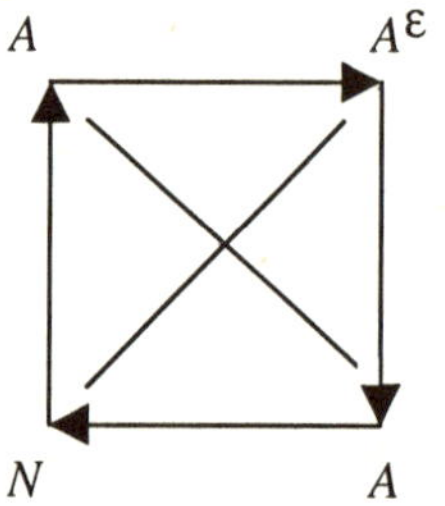

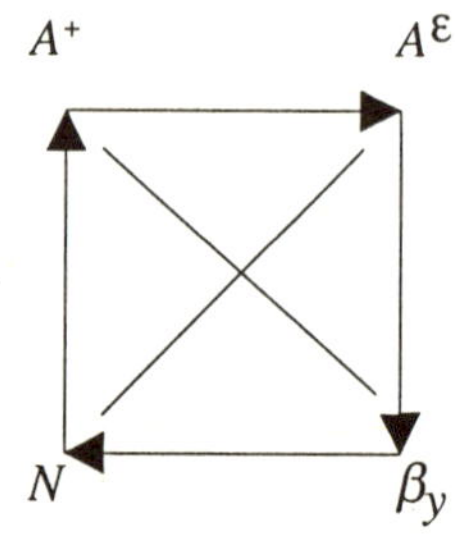

O fingidor (A^-) sonha com um computador literário (A^{ε})
O computador literário necessita de um *input* do autor A
O autor se incomoda pelo ruído de fundo (N) de seu espírito
O ruído de fundo escapa ao trabalho do fingidor
O computador é embaralhado pelo ruído de fundo
O fingidor não escolheu bem seu autor

O pai das narrativas (A^{ε}) não inspira mais o autor (A)
O autor não consegue mais escrever o romance que ele gostaria (β)
O romance a ser escrito fica à sombra do ruído (N)
O ruído é a fonte de onde saem todos os escritos
Um romance fracassa se ele não tem fonte mítica
É no ruído que a verdade do autor se esconde

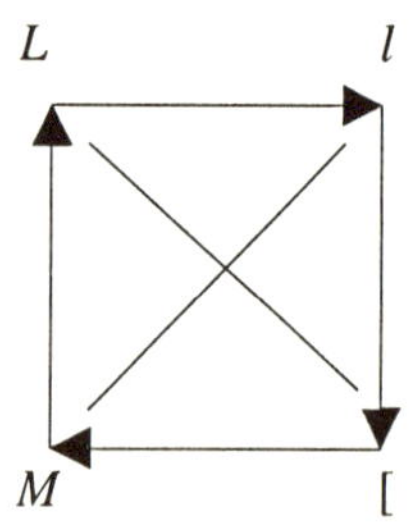

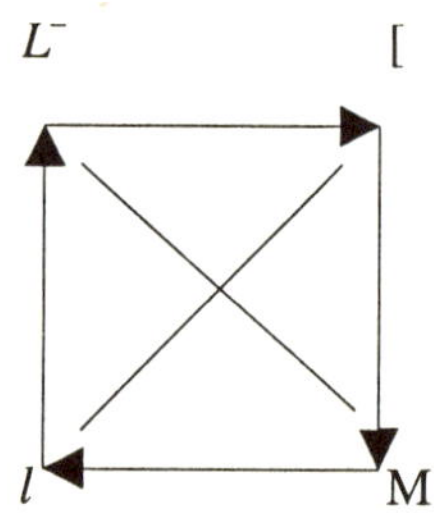

A leitora (*l*) jamais se satisfaz com o livro que ela lê (/)
Os livros que ela lê não dizem nada ao não-leitor ([ )
O não-leitor sente-se bem numa casa cheia de livros (/)
Uma casa cheia de livros contém a história da leitora
O não-leitor e a leitora são complementares
É difícil encontrar um livro numa casa cheia de livros

A leitora é complementar ao não-leitor
A leitora jamais se satisfaz com o livro que ela lê
Uma casa cheia de livros esconde o livro procurado
Uma casa cheia de livros é agradável para o não-leitor
A leitora nunca termina de explorar sua casa
O não-leitor encontra sempre o livro procurado

Fonte: Braffort, 2000.

Anexo B

L	O leitor que aí está [que lê]	l	O livro que aí está [que se lê]
L'	O leitor que está no livro	l'	O livro que está no livro
L	A leitora	L	a leitora intelectual
l	interrupção da leitura	l	continuação da leitura
$l\Rightarrow$	continuar um outro livro	$l\Leftarrow$	continuar o livro começado
$l\clubsuit$	a arte do romance	$l\spadesuit$	a ideologia do romance
l	um livro misterioso	l^{-}	um livro inacabado
l_L	o livro lido pela leitora	l_A	o livro escrito pelo autor
L^+	o hiperleitor	[	o não-leitor
S^+	o sublime	S^-	o silêncio
L_p	o leitor profissional	A	o autor
A^{ε}	o computador	A^-	o fingidor
A^+	o pai das narrativas	α	o livro apócrifo
β	o verdadeiro livro	M	a casa cheia de livros
N	o ruído de fundo	$é$	a literatura
x	o mistério	A_p	o autor produtivo
A_t	o autor atormentado	P	o poder
n	a impessoalidade	C	a censura

Fonte: Braffort, 2000.

Agradecimentos

A Wilberth Claython Salgueiro e a Marco Lucchesi, pela solicitude do diálogo e por contribuírem com suas paixões teóricas. A Eliana Yunes, le*itora-guia, por dign*ificar com atitudes e ações o amor aos livros, e pelas tantas e tão belas parcerias e experiências de promoção da leitura. A Paolo Spedicato, por ter gentilmente contribuído para enriquecer o debate sobre Italo Calvino, sugerindo novas e imprescindíveis leituras. A Darlene D'Ângelo e a Luis Busato, tradutores argutos e apaixonados, por aventurarem-se comigo nos mistérios da literatura em francês e italiano. A Marília e a Cecília, irmã e amiga a um só tempo e cada uma, pelo apoio. Em especial, a Roberto Corrêa dos Santos, por ensina*r, confiar, e so*bretudo para fazer justiça à nobreza do entendimento e dos afetos. À Ana Maria de Alencar, particularmente, pela delicadeza com que lê e ensina. E também por ter reconhecido, com estímulo e confiança, o meu *desejo de escrita.*

Companhia de Freud editora

OBRAS PUBLICADAS

Psicanálise e Tempo
Erik Porge

Psicanálise e Análise do Discurso
Nina Leite

Letra a Letra
Jean Allouch

Mal-Estar na Procriação
Marie-Magdeleine Chatel

Marguerite ou "A Aimée" de Lacan
Jean Allouch

Revista Internacional nº 1
A Clínica Lacaniana

A Criança na Clínica Psicanalítica
Angela Vorcaro

A Feminilidade Velada
Philippe Julien

O Discurso Melancólico
Marie-Claude Lambotte

A Etificação da Psicanálise
Jean Allouch

Roubo de Idéias?
Erik Porge

Os Nomes do Pai em Jacques Lacan
Erik Porge

Revista Internacional nº 2
A Histeria

Anorexia mental, ascese, mística
Éric Bidaud

Hitler – A Tirania e a Psicanálise
Jean-Gérard Bursztein

Littoral
A Criança e o Psicanalista

O Amor ao Avesso
Gérard Pommier

Paixões do Ser
Sandra Dias

A Ficção do Si Mesmo
Ana Maria Medeiros da Costa

As Construções do Universal
Monique David-Ménard

Littoral
Luto de Criança

Trata-se uma Criança – Tomos I e II
Congresso Internacional de Psicanálise e suas Conexões – Vários

O Adolescente e o Psicanalista
Jean-Jacques Rassial

— Alô, Lacan?
— É claro que não.
Jean Allouch

A Crise de Adolescência
Octave Mannoni e outros

O Adolescente na Psicanálise
Raymond Cahn

A Morte e o Imaginário na Adolescência
Silvia Tubert

Invocações
Alain Didier-Weill

Um Percurso em Psicanálise com Lacan
Taciana de Melo Mafra

A Fantasia da Eleição Divina
Sergio Becker

Lacan e o Espelho Sofiânico de Boehme
Dany-Robert Dufour

O Adolescente e a Modernidade – Tomos I, II e III
Congresso Internacional de Psicanálise e suas Conexões – Vários

A Hora do Chá na Casa dos Pendlebury
Alain Didier-Weill

W. R. Bion – Novas Leituras
Arnaldo Chuster

Crianças na Psicanálise
Angela Vorcaro

O Sorriso da Gioconda
Catherine Mathelin

As Psicoses
Philippe Julien

O Olhar e a Voz
Paul-Laurent Assoun

Um Jeito de Poeta
Luís Mauro Caetano da Rosa

Estética da Melancolia
Marie-Claude Lambotte

O Desejo do Psicanalista
Diana S. Rabinovich

Os Mistérios da Trindade
Dany-Robert Dufour

A Equação do Sonhos
Gisèle Chaboudez

Abandonarás teu Pai e tua Mãe
Philippe Julien

A Estrutura na Obra Lacaniana
Taciana de Melo Mafra

Elissa Rhaís
Paul Tabet

Ciúmes
Denise Lachaud

Trilhamentos do Feminino
Jerzuí Tomaz

Gostar de Mulheres
Autores diversos

Os Errantes da Carne
Jean-Pierre Winter

As Intervenções do Analista
Isidoro Vegh

Adolescência e Psicose
Edson Saggese

O Sujeito em Estado Limite
Jean-Jacques Rassial

O que Acontece no Ato Analítico?
Roberto Harari

A Clínica da Identificação
Clara Cruglak

A Escritura Psicótica
Marcelo Muniz Freire

Os Discursos e a Cura
Isidoro Vegh

Procuro o Homem da Minha Vida
Daniela Di Segni

A Criança Adotiva
Nazir Hamad

Littoral
O Pai

O Transsexualismo
Henry Frignet

Psicose, Perversão, Neurose
Philippe Julien

Como se chama James Joyce?
Roberto Harari

A psicanálise: dos princípios
ético-estéticos à clinica
W.R. Bion – Novas Leituras

O significante, a letra e o objeto
Charles Melman

O complexo de Jocasta
Marie-Christine Laznik

O dia em que Lacan me adotou
Gérard Haddad

O homem sem gravidade
Charles Melman

IMPRESSÃO

GRÁFICA MARQUES SARAIVA
Rua Santos Rodrigues, 240 - Estácio / RJ
Telefax: (21) 2502-9498